Nis Bergen, 2018

»okvarianteamazonok«
© 2014 Michael Krausse

5   10   15   20   25   30   35

- Vorwort-

Abenteuer auf See, Erlebnisse 20-jähriger
Seefahrt. Von der Lehrzeit bis zur
Schiffsführung. Reisen um die ganze Welt, von
Asien bis Amerika. Kriege hautnah, vor Ort
miterlebt. Ob im Auge des Taifuns,
Schiffsbrand, packende Erlebnisse in den
Häfen der Welt. Begegnungen mit den Schönen
von Yokohama, Santos, Bangkok oder Hamburg.
Berichte aus der Realität, packend anders als
die Welt der Kreuzfahrt.
Es gibt viel zu erzählen....

- Aufsteigen-

Die Autofahrt war wie im Fluge vergangen,
endlich am Ziel, der Hafen mit den vielen
Schiffen. Mehr Frachter als dort mal bei der
Planung des Überseehafens vorgesehen, liegen
im „Päckchen". Bis zu drei Schiffe
nebeneinander, mit dem Bug zum Hafenausgang,
fest vertäut am Pier.

Martin wird es etwas wehmütig, ja sogar flau
im Magen, denn gleich wird er die Eltern
verabschieden und mit 190 gleichaltrigen

Jungen das Lehrschiff kennenlernen, in zwei Tagen zur ersten großen Reise über den Atlantik. Er merkt, dass die Augen feucht werden, überbrückt die Situation mit einem Räuspern: „Danke, dass ihr mich gebracht habt, ich schreibe euch alles und in drei Monaten bin ich ja wieder da". Er drückt die Mutter fest an sich, dem Vater dankt er mit einem kurzen Blick, dann dreht er sich schnell um, nimmt den Koffer und reiht sich in die Schlange der neuen Kameraden an der Gangway seines Ausbildungsschiffes ein.

Der Ablauf ist bestens organisiert, nach der Überprüfung der Namen werden sie auf die Kabinen verteilt. Martin ist überrascht vom Inneren des Schiffes, im Gegensatz zur äußeren kühlen Erscheinung wirken die

Räumlichkeiten wohnlich, ja fast wie in einem Hotel. Die Decken und Wände mit Holz verkleidet, die Handläufe stecken in Haltern aus Messing, die flachen Deckenleuchten vermitteln eine warme, gemütliche Atmosphäre. Die Gänge sind mit braunem Linoleum mit Holzmuster, Art wie Decksblanken auf einem großen Passagierschiff, ausgelegt. Es riecht nach Bohnerwachs, erinnert an die Schulzeit, wie in der Schule zu Hause. Er denkt an die Eltern, die schon wieder daheim angekommen sind.

Nach Verlassen der Gangway eröffnet sich die Lobby mit einer Art Loge, in der sonst der Zahlmeister sein Büro hat. Heute sind hier die Lehrbootsleute damit beschäftigt, schnell und unkompliziert die Jungen einzuteilen.

5   10   15   20   25   30   35

Einige von Ihnen erhalten sofort die Order,
sich für Borddienste z.B. als Backschafter
bereit zu halten. „Klamotten in die Kabine
bringen und dann in zehn Minuten zur
Einweisung in der Messe erscheinen", ruft ein
Lehrbootsmann ihnen mit energischer Stimme
zu. Alle merken sofort, ab jetzt ein neuer
Lebensabschnitt mit Disziplin, Gehorsam und
Befehlen; Kindheit, Schule, Abenteuer,
Fußballspielen mit Freunden, Freizeit nach
Belieben… ab sofort vorbei.

Die Neugier auf diese andere, Neue Welt
überwiegt, endlich ist es so weit, nur wenige
Stunden, raus in die Welt, Seemann werden,
zur See fahren. Hauptsache mir wird nicht
übel beim ersten Seegang oder Sturm?! Aber es
ist ja Zeit und die anderen haben das

Problem ebenfalls.

Martin hat Glück, für heute steht nichts mehr
auf dem Empfangszettel, den er nach der
Musterung und Namensabfrage erhalten hat. Er
liest: eine Stunde Schrankeinräumen,
Abendbrot und dann Nachtruhe. Die erste Nacht
an Bord eines Schiffes! Ein ausrangierter
ehemaliger belgischer Truppentransporter, war
jetzt zum Lehrschiff umfunktioniert. Eine
schwimmende Schule, Ausbildungsstätte für die
Handelsflotte, Lehrschiff, das aber nebenbei
Fracht transportiert, ideal für die
Ausbildung der Kadetten in Theorie und
Praxis.

Lehrschiff 1970

Martin schläft in einer Vierer-Kabine mit
zwei übereinanderliegenden Doppelkojen. Er
schnappt sich die obere Koje hinter der Tür,

bezieht diese mit dem bereit- liegenden
Bettzeug, weiß-blaue Karos, das übliche. Der
Schrank ist in fünf Minuten eingeräumt,
schnell ist der Koffer auf dem Spind verstaut
und sofort verabreden sich die Vier zum
Schiffsrundgang. Abendbrot ist ja erst in
einer Stunde. „Hallo, bin Mathias aus Berlin,
könnt aber Matze zu mir sagen". Matze ist
kleiner als Martin, dafür redseliger und
aufgeschlossen. Sie sind sich gleich
sympathisch; die Mitbewohner heißen Klaus und
Frank, kommen von der Küste, Klaus aus
Stralsund, Frank aus einem Dorf bei Wismar.
Alle eint der Umstand, erstmalig auf einem so
großen Schiff zu sein.

Vom Unterdeck mit den vielen Kabinen,
Waschräumen und Toiletten jumpen die Vier zum

»okvarianteamazonok«
© 2014 Michael Krausse

nächsten Niedergang und steigen bis zum
obersten Deck. „Wir rollen das Schiff von
oben nach unten auf", brummt Martin und
versucht lässig aber bestimmend den kleinen
Trupp anzuführen.

Mit einer Länge von 150 Meter, einer Breite
von über 20 Meter, hat die alte „Lady",
Baujahr 1950, für die heutige Zeit eine recht
beachtliche Größe. Die Vier staunen über die
Länge der Gänge und informieren sich auf
einem an der Wand hängenden Alarm- und
Fluchtwegeplan über den jetzigen Standort und
die einzelnen Decks. Matze tippt auf den
Plan: „Hier sind wir, hier ganz oben ist die
Brücke, da die Messe, da gibt es gleich was
zu futtern, da die Spitze, der Bug und hier
das Heck. Unsere Kabine ist rechts, sorry, ab

sofort ist ja rechts steuerbord und links backbord." „Hau mal nicht so auf den Putz du Landei", meldet sich Klaus, Frank kann ein breites Grinsen nicht verbergen. Die beiden „Fischköppe" sind sich ihres Vorteils des nahen Bezugs ihrer Kindheit zur See voll bewusst.

Martin hatte sich zu Hause ausgiebig mit den Büchern „Seemannschaft 1 und 2" beschäftigt, wo viele seemännische Begriffe, Knoten, Ratschläge, Tipps zur Seefahrt stehen, aber hier in der Wirklichkeit schaut alles doch anders aus. Insgeheim gesteht er sich ein, einige Tage für die Orientierung, auf diesem Schiff zu benötigen. Er lässt sich aber nichts anmerken und versucht, möglichst einen unbeteiligten aber wissenden Gesichtsausdruck zu mimen.

Sie kommen zu den Klassenräumen. „Fast wie an Land", sind sich alle einig, als plötzlich eine schrille Pfeife ertönt und der LvD (Lehrling vom Dienst) laut rufend durch die Gänge stürmt: „Backschafter raustreten", wieder und wieder pfeifend und sein Ruf das baldige Abendbrot ankündigt.

Die Vier stürzen in ihre Kabine und zum Waschraum und schon erschallt der nächste Ruf vom LvD: „Backen und Banken, erster Durchgang in die Messe!"

Das Schiff erbebt, denn fast 100 Lehrjungen stürmen eilig zum Eingang der Messe. Davor stehen die diensthabenden Lehrbootsleute und

»okvarianteamazonok«
© 2014 Michael Krausse

weisen die Neuen zu den Tischen, die sie ab
sofort die ganze Reise besetzen werden. Das
Kleeblatt sitzt zusammen mit den Bewohnern
der Nachbarkabine an einem mit Geschirr und
Besteck eingedeckten Achtertisch, die Back
genannt.

Alle kennen sich schon vom Sehen und
teilweise mit Namen, ein Raunen liegt in der
Luft. „Ruhe, es spricht der Kapitän!", der
Oberlehrbootsmann kündigt den Kapitän
Schmidedanz an. Alle Blicke richten sich auf
einen Mann in Kapitänsuniform in der Mitte
der Messe. Martin kann nur mühsam ein Lachen
unterdrücken, ähnlich geht es vielen seiner
Kameraden.

Kapitän Schmidedanz, vom Alter her mindestens

60 plus, so 1,65 Meter groß, Mittelscheitel, Monokel, wirkt auf die Jungen wie aus einer anderen Welt entrückt. Sie sind versucht die Augen zu reiben, aber es ist Realität, da steht ein Kapitän, klein, untersetzt und mit einem Aussehen, wahrhaftig als komme er von der „Titanic" oder sogar der Zeit davor?

Seine Stimme ist gewaltig, die Ehrfurcht der Stammbesatzung ebenfalls. Keiner wagt mehr zu lächeln oder sogar zu feixen. „Ich begrüße alle Neuen an Bord, ihr hattet eine gute Anreise, nutzt die Zeit und wir machen Männer aus Euch. Wer nicht spurt der fliegt, gnadenlos! Ab sofort herrscht hier für die auszubildenden Kadetten ein halbmilitärisches Regime." Der letzte Satz war mehr ein Zischen, was die Wirkung aber eher verstärkte. Es ist kein Mucks zu hören.

„Auf diesem Schiff pfeifen nur der Wind, der
Kapitän sowie meine Stellvertreter, der
Oberlehrer, der Oberlehrbootsmann, die für
die Ausbildung der Kadetten verantwortlich
sind. Dieses Schiff befördert aber auch
Ladung und hat einen Fahrplan, dessen
Einhaltung oberste Priorität hat. Ein Schiff
muss fahren und Geld verdienen. Liegezeiten
und ein leeres Schiff dagegen kosten Geld,
was generell tunlichst vermieden werden
sollte. Merkt euch das auch für die Zeit nach
der Ausbildung, wenn ihr mal die
Schiffsführung auf einem Schiff übernommen
habt. Alles Organisatorische dann von meinen
Vertretern. Morgen ist für die Neuen
Einkleiden angesagt, Proviant und Ausrüstung

werden ebenfalls morgen übernommen.
Trinkwasser sowie Bunker müssen morgen Abend
abgeschlossen werden, hat der Chief im Griff,
auslaufen dann übermorgen, Punkt 15.00 Uhr
heißt es -Leinen los-. Doch für heute erst
mal -Guten Appetit-".

„Danke Herr Kapitän", die allgemeine
Erwiderung, die Schmidedanz aber nicht mehr
hörte, so schnell hatte er die Messe
verlassen.
   Die Backschafter bedienen und räumen dann
zügig auf, wischen die Tische ab. Nachdem sie
gegessen haben, ist endlich Feierabend. Es
reicht dann für die Abendtoilette und Punkt
22.00 Uhr erschallt der Ruf der LvD „Licht
aus, Ruhe im Schiff!"

»okvarianteamazonok«
© 2014 Michael Krausse

Martin liegt in der oberen Koje hinter der
Tür, ist benommen von den vielen Ereignissen
des Tages, die Gedanken sind zu Hause bei den
Eltern, Kumpels und Dolly. Ja Dolly,
ebenfalls in seiner Klasse, wohnte im selben
Haus wie sein engster Schulfreund. Er sieht
sie in Gedanken vor sich, wie sie gemeinsam
auf der Bank am Waldrand über dem Schwimmbad
des kleinen Heimatortes sitzen. Mit mal 16
Jahren sind die Mädchen schon wesentlich
reifer, offener, fordernder. Wissbegierig auf
das andere Geschlecht ist Martin ebenfalls.
Eine Sehnsucht nach Wärme, Berührung macht
ihn hier oben auf dem Berg regelrecht
benommen. Dolly küsst ihn auf den Mund, saugt
an seinem Hals und Martin kommt es vor als
lachen ihre Augen ihn aus. Eine heiße Welle
steigt in ihm hoch, so intensiv, nie so

erlebt.

Matti, sein bester Schulkumpel, hat ihm von
seinem 5 Jahre älteren Bruder erzählt, der
Dolly regelmäßig besuchte, wenn diese eine
sturmfreie Bude hatte. Matti und Familie
wohnten im Zweifamilienhaus parterre und
Dolly mit ihren Eltern darüber im 1. Stock.
Es war ein beliebtes Thema in der Schule und
zwischen den Freunden, meistens eher
Schwärmereien, Wunschdenken, eben aber diese
bohrende Neugierde auf das erste Mal. Dolly,
eine frühreife Erscheinung mit markantem
Oberbau, gutgebaute Figur, sinnlichem Mund,
vom Antlitz keine Schönheit, da ihre Lippen
etwas wulstig, die Nase zu lang geraten.
Allgemein bekannt für Ihre Erfahrungen mit
dem anderen Geschlecht, fühlte sich zu

reiferen Männern hingezogen. Sie hatte damit
bisher nur positive Erfahrungen erlebt. Die
Älteren wussten eben, was Frauen wünschen,
begehren. Frühreife Mädchen wie Dolly, die
endlich das Leben genießen, Schule,
Ausbildung eher nebensächliche
Belanglosigkeiten. Die Jugend augenblicklich
genießen, das andere „ernste Leben" kommt von
allein. Jetzt erlaubte sie sich den Spaß, die
etwas gehemmteren Jungen ihrer Altersgruppe
anzulernen. Es nervte manchmal zwar, dass die
sich so anstellten, aber es schmeichelte ihr
und gab ihr eine tiefe innere Bestätigung,
hier mal die Lehrerin sein. Martin hatte bei
allen Mädchen der Klasse einen Stein im Brett
und einige bemühten sich um seine
Freundschaft, vor allem seit bekannt war,
dass er zur See fahren, die Chancen dafür

5   10   15   20   25   30   35

nicht so übel stehen. Der kleine,
verschlafene Ort hat beruflich nichts weiter
zu bieten und einen Seefahrer als Freund oder
Mann? Die Möglichkeit, später sogar auf einem
großen Schiff mitzufahren?

Davon hielt Martin aber absolut gar nichts,
sein Ziel lag fest im Blick, seemännisch
ausgedrückt, war der Kurs klar. Dieser
Fahrplan wird fest eingehalten: Ausbildung,
Abenteuer, Frauen kennenlernen, möglichst
viele Erfahrungen in Sachen Erotik sammeln,
die Welt sehen und erleben, raus aus der Enge
der Provinz, nur nicht gleich binden.
Abschreckung genug boten die
Zwillingsschwestern aus der Parallelklasse,
die mit 15 die Eine und ein Jahr später die
Zweite, je ein Kind bekommen hatten. Ihre

Babys im Kinderwagen durch die Stadt schoben, sich nicht darüber klar, dass sie die schönste Zeit ihrer Jugend leichtfertig, ohne Verstand weggeworfen hatten. Martin war sich da sicher, die haben ihre Zukunft versaut, da gibt es doch mehr. Vor Gründung einer Familie erst mal die Jugend genießen, sich ausprobieren, Erfahrungen sammeln; eine feste Bindung ist da doch höchst hinderlich. Die Natur fordert ihr Recht, die Neugierde auf die Mädchen, Frauen gestillt werden. Nur nicht die „Pferde durchgehen lassen". Spaß ja, aber mit Verstand und geschützt. Die Theorie, die Realität ist dann doch meistens anders. So wie jetzt hier auf der Bank über dem Schwimmbad am Wald, mit der erfahrenen Dolly. Martin spürte Dollys Zunge in seinem Mund, ja Zungenkuss, schon gehört aber in der

Wirklichkeit erst mal eine Gewöhnungssache.
Dolly kichert und wendet sich wieder seinem
Hals zu und saugt, züngelt am Ohrläppchen und
haucht ihren Atem hinein. Martin wird es
jetzt doch heiß und er spürt Leben im
Unterleib und ein heftiges Verlangen nach
mehr. Er streichelt Dollys Beine, seine
Finger bewegen sich langsam an den
Innenseiten Ihrer Oberschenkel hinauf. In der
kleinen Stadtbibliothek hatte er sich Bücher
wie „Mann und Frau intim", „Das Neue
Ehebuch", „Du und Ich" ausgeliehen, sowie im
Schlafzimmer der Eltern „Kamasutra" und
Bücher von van de Velde zur theoretischen
Aufklärung genutzt. Das war die Theorie,
Dolly ist jetzt die Praxis, die Kür!? Der
Standort der Bank über dem Bad war allseitig
einsehbar, absolut nicht für ein

5   10   15   20   25   30   35

Schäferstündchen geeignet. Zumal Dolly heute
sich mehr einen Spaß leistete, es amüsierte
sie, mit dem geilen Bengel nur zu spielen,
ihn mit Knutschflecken am Hals zu bedecken,
die Lacher am nächsten Morgen in der Klasse
mit Futter zu versorgen.

Martin bekam in seinem aufwallenden Zustand
wenig davon mit, die Natur verlangte ihr
Recht und die Neugierde nach Erkundung der
Anatomie ihrer unteren Bereiche pochte wie
ein Presslufthammer in den Schläfen und
seinem angeschwollenen Zweiten Ich. Der,
unverrichteter Dinge, sich nicht wieder
bändigen, schon gar nicht so mir nicht, dir
nicht zurückziehen würde. Zu allem Übel
streichelte Dolly jetzt über seine Hose, da
sie die räumlich, natürlichen Veränderungen

darin, sofort erkannt hatte. Sie lachte und prustete innerlich und ihre Gedanken springen zum Klassenfest vor zwei Wochen zurück. Als Martin sie zum Tanzen aufgefordert hatte und sie zur französischen Stöhn- Schnulze „je taime" eng umschlungen getanzt hatten. Erst hatte sie gedacht, dass er eine Geldbörse in der Tasche habe, dann spürte sie aber seine Erregung. Das hatte sie auf ihn aufmerksam werden lassen, da sie ja sonst die erfahrenen 30 Plus-Typen bevorzugte. Wie bei ihren Klassenkameradinnen verstärkte diese Neugierde der Fakt von Martins Berufswunsch, erhob ihn zu einem gewissen Objekt der Begierde. Jetzt bereitete es ihr einen höllischen Spaß, Martin an der Leine zu haben und für andere unsichtbar durch die Hosentasche an seiner empfindlichsten Stelle

»okvarianteamazonok«
© 2014 Michael Krausse

zu liebkosen. Martin stöhnte, wandte sich hin
und her und versuchte, seine Hand unter ihren
Slip zu bekommen. Da durchfuhr ihn ein
schrecklicher Gedanke und er fluchte
innerlich: „So ein Mist, jetzt habe ich kein
Gummi dabei", aber dieser Verlauf war aus
seiner Sicht nicht absehbar. Dolly wurde es
jetzt etwas zu gefährlich, zumal beide wie
auf dem Präsentierteller saßen und
weiterführende Aktivitäten einen Ortswechsel
ratsam erscheinen ließen.

Soweit hatte sie das Treffen mit Martin nicht
vorher geplant und die Zeit gebot es, das
Schäferstündchen zu beenden. Ihre Eltern
hatten sie mit dem Einkauf für das Abendbrot
beauftragt, verständen keinen Spaß, wenn sie
dem nicht nachkommen würde. „Du Schatz wir

machen dann mal später weiter, ich muss noch einkaufen." Martin übergoss es wie eine kalte Dusche, es ordnete sich auf geheime Weise alles schnell auf Normalzustand. Er fühlte sich benommen und war etwas beleidigt, aber dann überwog die alte Einstellung und Zielstellung Seefahrt. Beide verabschiedeten sich mit einem Kuss auf die Wange und in wenigen Minuten war er mit dem Fahrrad zu Hause. Der Mutter erklärte er die blauen Flecke am Hals, dass die Kumpels in der Schule durch Kneifen mit den Fingern „Knutschflecke" zum Spaß der Meute imitieren und er heute fällig gewesen wäre. Der Versuch, der blauen Flecke mit Essig- oder Zitronensäure Herr zu werden, klappte zu seinem Leidwesen nicht und so band er sich am nächsten Morgen ein Tuch um den Hals, ging so

»okvarianteamazonok«
© 2014 Michael Krausse

Fragen der Kumpels und Spott der Klasse aus
dem Wege.

Der schrille Pfiff des LvD erschallte in den
Gängen und die Rufe: „Reise Reise, alle
aufstehen, waschen und fertig machen zum
Frühstück.‟

Der Tag verging rasend schnell, nach dem
Frühstück zu Fuß in die Kleiderkammer der
Reederei im anderen Teil des Hafens, zurück
mit prallem Seesack neuer Klamotten: Zwei
Bordpäckchen einer Art Schuluniform, die in
der Freizeit getragen wird. Jacke und Hose
aus einer dünneren Variante Jeansstoff
gefertigt, vor allem Goldknöpfe mit Anker
verliehen einen maritimen Touch. Der Träger
fühlte sich schon fast als ein gestandener

5   10   15   20   25   30   35

Seemann. Dazu zwei Paar einheitliche
Bordschuhe, die für den Unterricht,
Ausbildung, Freizeit und Landgang verwendet
werden. Eine Uniform, Hose, Jackett,
dunkelblau, wieder große Goldknöpfe mit
Anker, eine Uniformmütze mit weißem Bezug für
den Sommer und blau für den Winter. Weiße
Hemden, ein dunkelblauer passender Schlips
sowie Käppi wie bei der Kriegsmarine kamen
dazu. Da die Reise in die Karibik führt, wo
mit tropischen Temperaturen das Tragen einer
Uniform im mitteleuropäischen Stil eine Qual
bedeutet, erhielt jeder eine Khakiuniform in
kurz und lang dazu. Prall und rund wurde der
Seesack durch Arbeitsschuhe, Arbeitsanzug,
Blaumann genannt. Arbeitsschutzhandschuhe,
Fellmütze, Filzstiefel für die kalte
Jahreszeit, eine weiße Arbeitshose aus

Segeltuch in Form einer Latzhose,
Gummistiefel, Südwester, Ölzeug für die
nassen, stürmischen Abschnitte der Reise.
Einiges mehr wie z.B. eine Nierenbinde, die
vor Zug und späteren Problemen mit den Nieren
in den Tropen schützen solle.

Schon nach Hause hatte die Reederei eine
Liste geschickt mit der von daheim
mitzubringenden Ausrüstung, wie Socken, kurze
und warme Unterwäsche, Arbeitsmesser mit
festzustellender Klinge und mit Marlspieker,
einem Universalwerkzeug der Seeleute.

Pünktlich fünfzehn Uhr, genau wie der Kapitän
beim Empfang zum 1. Abendbrot vorhergesagt,
erschienen die Bugsierer am Schiff,
übernahmen die Schleppleinen, die

Hauptmaschine erzitterte mit tausenden
Pferdestärken, als sich die Schiffsschrauben
langsam und immer schneller werdend drehen.

Am Schornstein ist über dem Peildeck die
Lotsenflagge zu sehen und alle Lehrlinge,
Ausbilder, Lehrer und Besatzung stehen wie
beim Appell ausgerichtet, auf der zum Land
zugewandten Seite in Reih und Glied. Geputzt,
gestriegelt in Uniform, den Blick zur Stadt,
zum alten Leuchtturm, der neuen Mole, zum
langen Sandstrand. Aus den Fanfaren des
Lehrling-Spielmannzuges ertönt der
Abschiedsgruß vom Schiff zur Mole, das Echo
schallt bis zur Lotsenstation auf der anderen
Seite der Ausfahrt vom Hafen. Das Typhon
erschallt wie ein gewaltiges Brüllen. Auf der
Neuen Mole laufen Bekannte, Verwandte,

Urlauber winkend neben dem Schiff her, bis es
nicht mehr weitergeht, bis zum Ende der Mole.

Schnell hat das Schiff die Reede erreicht,
die Schlepper hatten schon vorher die Leinen
geslippt, der Lotse wird vom kleinen,
wendigen, seetüchtigen Lotsenboot übernommen.

Kapitän Schmidedanz grüßt zum Lotsenboot und
schnarrt nebenbei zum Maschinen-Telegraphen,
wo der 1. Offizier, der Chief-Mate steht:
„Volle Kraft voraus!‟ Das Schiff erbebt,
durchläuft ein Zittern der jetzt freigelassen
tausenden Pferdestärken der Hauptmaschine,
die über die große Antriebswelle die
Schiffsschraube immer schneller drehen lässt.
An Backbord sind die Konturen der Stadt, die
Werft mit den großen Kränen, der Leuchtturm

und die bekannte Umgebung eine Weile zu
sehen.

Einen Moment ergreift ihn ein Gefühl von
Heimweh, was aber schnell von der Neugier auf
das Kommende abgelöst wird. Unbemerkt von
ihnen gleitet ein Küsten-Schutzschiff vorbei,
der graublaue Anstrich macht es in der Weite
der See fast unsichtbar.

Bald sind die auf Reede liegenden Schiffe am
Horizont verschwunden.

Martin und seine Kameraden sind weggetreten
und haben Freizeit, da die praktische
Ausbildung oder der Unterricht erst morgen ab
acht Uhr anfängt. Für die Neuen war es ein
ereignisreicher Tag und alle sind gespannt,

was die nächsten Tage und Wochen ihnen
bringen werden. Matze, der Berliner mit der
großen Klappe, hat eine Neuigkeit zu
verkünden und ist nicht willens, damit länger
hinter dem Berg zu halten. „Wisst ihr das
schon über Schmidedanz?", fragt er, wissend,
dass da keiner informiert ist. „Na mach´s
nicht so spannend", drängeln die anderen und
die Neugier ist ihnen anzusehen. „Der hat nur
noch ein Ei, nur noch eine Klöte", feixt
Matze, „habe ich von einem von der
Stammbesatzung, der Alte ist früher, da war
der kaum älter als wir, bei Bordalarm von
oben aus der Koje gesprungen und hatte Pech,
denn sein Sack, eingeklemmt in der Matratze,
ist oben hängengeblieben." „Au Backe, ach du
meine Güte", alle sind gleich betroffen und
verziehen beim Gedanken und der Vorstellung

schmerzvoll das Gesicht, können dann aber doch das Lachen nicht verkneifen. „Ja das ist ein offenes Geheimnis und jeder in der Reederei lacht darüber, aber diskret natürlich, und alle Achtung, Schmidedanz hat danach noch eine Tochter gezeugt."

Nachdem die „Blücher" Skagen, die nördliche Spitze von Dänemark, umrundet hatte, ging die Reise durch den Englischen Kanal in den Golf von Biskaya, wo sie kräftig durchgeschüttelt, den ersten Sturm erlebten. Sicherheitshalber standen in den Ecken der Gänge Spuckeimer, die reichlich genutzt und der Inhalt dann als Zusatzfutter für die außenbords schwimmenden Meeresbewohner diente. Nach zwei Tagen war der Sturm abgeflaut und an die gleichmäßige Dünung hatten sich bald alle gewöhnt. Diese

verführte regelrecht dazu, im echten
Seemannsgang breitbeinig die Gänge oder die
Decks hin und her zu staken.

Nach der Passage der Azoren war nach wenigen
Tagen schon die Küste von Florida an der
Steuerbord-Seite zu erkennen. Jeden Tag war
es wärmer geworden und die Bekleidung war auf
Khaki kurz umgestellt. Laut Stundenplan
werden spezielle für die Seefahrt relevante
Fächer wie Englisch, Geographie,   B M
S R-Technik, Maschinenkunde, Politik usw.
gepaukt, dazu sind eigens dafür ausgebildete
Lehrer an Bord.

Dieser Unterricht wechselt sich mit der
praktischen seemännischen Ausbildung ab, die

5   10   15   20   25   30   35

sich in Maschinenausbildung, Brückendienst
mit Rudergänger, Navigation, Deck-und
Ladungskunde aufteilt. Die Tage der
Atlantik-Überfahrt werden intensiv genutzt
und die Neuen an Bord fühlen sich wie alte
Seebären, zelebrieren ihren Seemannsgang.
Nach Ausbildungsschluss und Abendbrot trifft
man sich achtern auf dem Poop-Deck, um zu
klönen oder eine Kippe zu rauchen. Highlight
dann ein auf seiner Klampfe spielender
Matrose der Stammbesatzung, der einige
aktuelle Titel der Beatles oder Stones in
seinem Repertoire, begeistert angespornt
wird, möglichst lange zu spielen.

»okvarianteamazonok«
© 2014 Michael Krausse

5   10   15   20   25   30   35

1973

- Verbannung-

Die Hitze und tropische Schwüle ist in den
Nächten kaum zu ertragen, Klimaanlage gibt es
nur in den Messen, in den Kabinen der

Offiziere, beim Kapitän. Beim wöchentlichen
Kammerrundgang durch Oberbootsmann und
Oberlehrer stellen diese fest, dass in zwei
Kabinen die Schränke als Zielobjekt zum
Messerwerfen missbraucht wurden. Die
Oberflächen bestehen, wie teilweise die
Täfelung in den Treppenhäusern und in den
Messen, aus Mahagoni. Das Schiff war ja ein
ehemaliger belgischer Passagierdampfer. Deren
Kolonien in Belgisch-Kongo hatten reichlich
Edelhölzer, traf den damaligen Geschmack und
Zeitgeist. Jetzt und hier war so ein
gedankenloser Zeitvertreib ein schweres
Missverhalten gegenüber der Stellung, dem
strengen Auswahlverfahren, überhaupt an Bord
zu sein. Tausende Jungen im ganzen Land
hatten sich zur Ausbildung beworben und nur
jeder Zehnte wurde dann angenommen. Zumal

dieses Ausbildungsschiff für viele Kadetten
zukünftig, für Jahre ein angenehmes Zuhause
bieten soll. Die Empörung der Schiffsleitung,
Ausbilder und Lehrer entlud sich mit Wucht
auf die Übeltäter, wobei man sicher war, dass
die Bewohner der betroffenen Kabinen die
Verursacher sind. Diese stritten aber alles
ab, aus Feigheit oder es waren andere Kabinen
involviert. Nach längerer Befragung und
Forschung nach den Übeltätern, ohne
befriedigende Ergebnisse, platzt dem
Oberlehrer dann doch der Kragen. Er ordnet
den Umzug aller dem Gang zugehörigen
Wohnräume, Martins Vierer-Kabine inbegriffen,
in das Achterschiff an. Das ist eine enorme
Umstellung für ca. fünfzig meist unschuldig
betroffene Kadetten, da sich die bisher
bewohnte Holzklasse im ruhigeren

»okvarianteamazonok«
© 2014 Michael Krausse

Mittelschiff, gegen die Blechklasse im
ungemütlichen Achterschiff mit Rudermaschine
und Schraube getauscht wurde. Welch ein
Unterschied an Komfort, den alle vorher gar
nicht wahrgenommen hatten. Aus den Vierer-
wurden Zwölfer-Kabinen. Hatte man vorher
Bullaugen und Lüftungsmöglichkeiten durch das
Einsetzen von Windhutzen, so dass der
Fahrtwind in die Kabine geleitet wurde,
entfiel dies komplett, da aus den
Außenkabinen jetzt welche ohne
Lichtöffnungen, wie Bullaugen oder Fenster,
wurden. Gegenüber den vorherigen Kajüten auf
dem oberen Deck sind die Zwölfer-Räume im
Unterschiff, Höhe Wasserlinie. Diese waren
bei den Belgiern als Unterkunft für die
farbigen Hilfsarbeiter, das letzte Glied in
der Hierarchie der damaligen Besatzung,

genutzt worden. Jetzt standen diese Räume lange leer, wurden nach der Übernahme von den Belgiern nie für Wohnzwecke genutzt. Als weiterer schwerer Mangel erwies sich das Fehlen jedweder Wand- und Deckenverkleidungen, der Blick fiel somit gleich auf die Wanten, Verstrebungen, Lichtleitungen, Lüftungsschächte. Offen sichtbar, was sonst hinter Wand- und Deckenverkleidungen verborgen war. Nur Stahl, selbst die Hocker, Tische, nichts Wohnliches. Die Räume, für die Jungen ein Schock, zumal unschuldig für die Misere, jetzt das Gefühl aufkam, in ein Gefängnis verdammt zu sein. Der Gedanke war gar nicht so abwegig, innerlich verfluchten sie die wirklichen Übeltäter, die hirnlos diese Situation verbockt hatten. Man sagt ja so oftmals eher

5   10   15   20   25   30   35

leichtfertig daher: „Man gewöhnt sich an
alles." Für die vom Elternhaus doch recht
verwöhnten Jugendlichen war diese Strafe eine
bittere Erfahrung, die sie so schnell nicht
mehr vergessen. Nach Umzug und Einräumen der
Sachen in einen schmalen Blechspind
(doppeltbreiter Holzschrank wie vorher=
Fehlanzeige), schwitzten alle schon von
dieser Tätigkeit. Unter der Kabine verlief
die Antriebswelle der Hauptmaschine zur
Schiffsschraube, die nur wenige Meter
entfernt mit der Kraft tausender
Pferdestärken das Wasser durchpflügte und so
das ganze Achterschiff erzittern ließ. Dazu
tönte die Rudermaschine, deren Hydraulik das
tonnenschwere Ruderblatt hinter dem
Schiffspropeller hin- und her bewegt, um das
Schiff auf Kurs zu halten. Die dafür

benötigten Hydraulikpumpen verursachten einen
schrillen, höchst unangenehmen permanenten
Pfeifton, der eine Unterhaltung schwer,
unmöglich macht. Außer man schrie sich an
oder rief sich, mit dem Mund am Ohr des
Gesprächspartners, die entsprechende
Botschaft zu. Das Metall der Wände, der
Decke, strahlt von der Hitze des Tages,
ausgesetzt der Dauerbestrahlung durch die
Tropensonne. Ohne ausreichende Lüftung waren
Temperaturen von um die fünfzig Grad am Tag
der Normalzustand. Wie hier nur schlafen und
fit werden für den kommenden Tag!? Wenn es
sich bloß nach Sonnenuntergang und in der
Nacht etwas abkühlen würde?! Über den Jungen
verbreitete sich eine schleichende Wolke von
Depression. Martin holte tief Luft und fragte
seine Kumpels: „Kommt ihr mit an die frische

Luft?"

An Deck atmen alle gierig die erfrischende
Seeluft ein, als könnten sie sich einen
Vorrat für die Nacht anlegen, sie spüren die
Blicke der von der Aktion nicht betroffenen
Kadetten, die teilweise mitleidig aber eher
höhnisch ausfallen.

Die Nacht war unerträglich, stickig, laut und
zum Glück im Unglück hatte Martin neben
seiner Koje in Kopfhöhe eine kugelförmige
Lüftungsdüse, die kreisförmig verstellbar
einen kaum spürbaren Luftzug verströmte.
Gespeist wurden diese Düsen von an Deck
stehenden Rohren mit in Fahrtrichtung
zeigenden großen Öffnungen, über die der
Fahrwind regelrecht eingefangen und bis zur

letzten Düse im Schiffsinneren geleitet
wurde. Dort war aber entscheidend, in welche
Richtung die Düse mit dem kaum spürbaren
Luftzug zeigte. Unter den Bewohnern der vier
Kojen, die im Bereich der einen Düse Luft
erhaschen, entbrannte ein regelrechter Kampf
um die Richtung des Lüfterkopfes und dessen
erfrischende Luftströmung. Dieser Kampf
dauerte Stunden, verlief im Verborgenen und
stillschweigend und manchmal, wenn Martin
keinen Luftzug mehr verspürte, weil einer der
vier Leidensgenossen die Richtung verändert
hatte, ergriff er statt des Lüfterkopfes
einen Arm oder eine Hand eines seiner
Mitbewohner. Der Kampf um Frischluft wurde
erst mit Eintritt der Tiefschlafphase beendet
und entsprechend zermartert und zerknirscht
wurden sie durch das Signal der LvD am Morgen

geweckt.

Endlich Land, der Zielhafen ist erreicht.
Alle in reih und Glied, mit Uniform an Deck.
Die Fanfaren und Trommeln schallen in der
Hafeneinfahrt wider. Der Kapitän drückt zur
Begrüßung in der Brückennock lange das
Typhon. Die Menschen an Land winken fröhlich
dem einlaufenden Schiff zu. Nach dem
Festmachen werden die Landgänger einen
Musterungsappell mit Belehrung zum richtigen,
ordentlichen Verhalten beim Landgang und
mögliche Gefahren wie Taschendiebe,
Prostituierte und mehr über sich ergehen
lassen. Die Lehrbootsleute kontrollieren die
Sauberkeit der Fingernägel, ob geputzte
Schuhe und sauberes Taschentuch am Mann sind.
Dann endlich stürmen die Landgänger nach

Eintrag im Landgangbuch und Passage der
Bordwache die Gangway hinab. Der wachhabende
Teil der Besatzung mit den zur Wache oder
Maschinendienst zugeteilten Kadetten bleibt
heute an Bord, nach Ablauf ihrer Dienste
später ebenfalls an Land, nachdem sie dieses
Procedere durchlaufen haben.

1970 im Hafen von Havanna, Zucker laden

5   10   15   20   25   30   35

Martin, seine Zimmergenossen und Kameraden
der Nachbarkabine eilen mit großen Schritten
vom Hafen in das Zentrum der Stadt, denn
heute ist hier ein Feiertag und laut
Berichten der Stammbesatzung gibt es Freibier
für alle. Diese Gelegenheit nicht verpassen,
zumal sie sich alle einig sind, nach den
höllischen heißen Nächten in der Blechklasse
im Achterschiff, nach dieser Zeit der
entbehrungsreichen vergangenen Tage den
durstigen Kehlen mit ein paar Freibier einen
feuchten Ausgleich zu gestatten.

Es ist dunkel geworden; auf dem Weg in das
Stadtzentrum kommen sie an alten,
runtergekommenen Häusern vorbei, von den
Balkons klimpern Frauen mit ihren

»okvarianteamazonok«
© 2014 Michael Krausse

Schlüsselbunden, ab und zu hören sie die
geflüsterte Frage: „Senhorita fugi, fugi?"

Doch die Jungen haben es eilig, überhören es
geflissentlich, teils aus Verlegenheit, eher,
weil ohne mit der nötigen finanziellen
Barschaft ausgestattet. Es eint sie aber der
Umstand allgemeiner Jungburschenschaft,
Schamhaftigkeit, der Unerfahrenheit, die
keiner gerne öffentlich gesteht. Neugierde
ja, aber sich vor allen blamieren, zumal die
Belehrung des Schiffsarztes, über unheilbare
Krankheiten zwei Tage vor Einlaufen in den
Hafen, die Furcht vor ewigem Schaden, Wirkung
zeigte.

- Auf Großer Fahrt-

Die Zeit verging wie im Fluge, das erste
Lehrjahr mit drei Reisen auf dem Lehrschiff
in die Karibik, dazwischen drei Monate
Landausbildung im Hafen. In speziellen
Lehreinrichtungen wurden technische
Fähigkeiten wie Schweißen, Löten angeeignet.
Unterrichtung in der Seemannschaft,
Beherrschung der Rettungsmittel, Brandschutz,
ABC-Ausbildung hatten die Kadetten zu
vollwertigen Seeleuten in der Theorie werden
lassen. Die Praxis wartet jetzt im zweiten
Lehrjahr auf sie, wenn die Jungs auf die
weltweit fahrenden, richtigen Handelsschiffe
verteilt, sie Teil der jeweiligen Besatzungen
werden.

»okvarianteamazonok«
© 2014 Michael Krausse

Schnell zu einem Kurzurlaub nach Hause, wie nach jeder der Reisen zuvor. Wie hat sich doch das ehemalige Zuhause verändert, alles wirkt so klein, wie stehengeblieben. Im Bus hatte er mal Dolly getroffen, die nach durchtanzter Nacht um Jahre gealtert schien, ungepflegt, abgegriffen wirkte. Martin atmete innerlich auf und war froh, dass damals auf der Bank über dem Freibad am Waldrand nicht mehr geschehen war. Mehr als einen guten Weg hatten sie sich nicht zu sagen, ähnlich erging es ihm beim Treff mit ehemaligen Freunden und Klassenkameraden. Ihnen war der Blick „über den Tellerrand" verwehrt; hatte sich ein unüberbrückbarer Graben aufgetan, hier die heile Welt der Provinz, Minikosmos ja, aber für ihn nur gefühlte Enge. Martin holte tief Luft, besuchte reihum die Familie,

erzählte vom ersten Sturm, Tropennächten,
Delfinen und gesehenen Walfängern, war
heilfroh, als ihn endlich ein Telegramm zur
ersten großen Reise anforderte. Text:
„Auslauftermin Mittwochabend MS „Bozenborg" F
B Asien/Amerika, Reisedauer ca. 6 Monate".
Das ist ja schon in zwei Tagen, Martin packt
umgehend den Seesack, fährt am nächsten Tag
mit dem Zug über Berlin zu seinem neuen
Schiff.

Vor Auslaufen erhält Martin die Aufforderung,
beim Hafenarzt die notwendigen Impfungen
gegen Gelbfieber, Cholera usw. abzuholen, da
die Schiffe weltweit unterwegs sind, in den
tropischen Gebieten viele gesundheitliche
Gefahren lauern. Wieder an Bord bekommt er
nach der Zuweisung seiner Kabine, die er

jetzt nur mit Matze teilt, vom Bootsmann die Order, bei der Proviantübernahme behilflich zu sein. An Bord ebenfalls streng nach Vorschrift, mit unmittelbaren Vorgesetzten, deren Anweisungen zu befolgen sind. Selbständigkeit besteht aber im Ablauf und Gestaltung der Freizeit. Keine Rufe mehr vom LvD wie „Licht aus, Nachtruhe!", „Alles aufstehen!".

Jetzt kümmert sich jeder selbst um Ordnung, Sauberkeit, Pünktlichkeit, wissend, dass da jemand an Bord kontrollierend ein Auge auf die Youngsters werfen und wenn nötig regelnd eingreifen wird.

Nach und nach ist die Besatzung komplett, das Schiff von der Größe Zehntausend-Tonner ist

ein Stückgutfrachtschiff, einhundertfünfzig
Meter lang, zwanzig Meter breit, fünf Luken
mit eigenem Ladegeschirr, eine
Maschinenleistung von zehntausend PS mit
Turboaufladung von MAN. Die vier Freunde vom
Lehrschiff haben Glück, sind zusammen hierher
versetzt worden, dazu zwei bekannte Gesichter
aus der Nebenklasse. Alle Sechs eint,
ehemalige Bewohner der Blechklasse auf dem
Lehrschiff gewesen zu sein. Sie waren nicht
die Verursacher des damaligen unfreiwilligen
Umzuges in das Achterschiff des Lehrschiffes.
Der Gedanke daran lässt sie erschauern und es
bereitet allen regelrechte Glücksgefühle,
diese „Hölle" als Vergangenheit abzuhaken.
Was für ein Unterschied jetzt hier auf ihrem,
neu in Dienst gestellten Schiff, gebaut und
geplant in der großen Werft ihrer Hafenstadt,

ein bedeutender Arbeitgeber vom Tor zur Welt.
Jetzt schlafen und wohnen sie in
Doppelkabinen mit Klimaanlage für die
gesamten Wohndecks, Messen und
Aufenthaltsräumen. Jede Kabine mit eigenem
Sanitärbereich, Dusche und WC, welch ein
Unterschied zu dem Ausbildungsschiff, wo zwar
alles geordnet, sauber, perfekt organisiert
war, aber der Charme einer Kaserne mit
Massen-Duschräumen und Toiletten über allem
schwebte. Hier ist sogar der MKR, der
Maschinenkontrollraum, klimatisiert, was für
eine Wohltat für das Maschinenpersonal. Bei
voller Fahrt durch die Abwärme der
Hauptmaschine, Hilfsdiesel für die
Stromerzeugung, Pumpen, vielen anderen
Aggregaten erreicht der Maschinenraum eine
Temperatur jenseits von siebzig Grad. Die

5   10   15   20   25   30   35

Lüfter nach draußen, der nach oben offene
Maschinenschacht transportiert diese Hitze an
die Außenwelt, die nach innen gesaugte
Frischluft bringt keine Abkühlung, da diese
in den südlichen Fahrtgebieten von Natur aus
schon schwülheiß ist. Kein Wunder, dass sich
Maschinisten und Ingenieure regelmäßig im MKR
über den Weg laufen, mit einem kühlen Getränk
aus der Pantry genussvoll den Durst löschen.
Bei all den Wohltaten geht es beruflich voll
zur Sache; jeder hat seine speziellen
Aufgaben, muss in der Lage sein, in mehreren
Tätigkeiten seinen Mann zu stehen.
Effektivität wird auf einem Schiff ganz groß
geschrieben, das merken Martin und seine
Kameraden sofort, jede Minute ist mit
Tätigkeiten verschiedenster Art ausgefüllt.
Freizeit und Pausen werden wie nach Stoppuhr

eingeteilt, verantwortlich sind je nach
Tätigkeitsbereich für die Decks-Crew der
Bootsmann, die Nautiker für den Wachdienst
auf der Brücke und im Hafen, die Ingenieure
und der Chief für die Maschinisten,
Elektriker und Maschinenhelfer. Die
Wirtschaft führen ein Obersteward und der
Koch, alle Bereiche sind genau aufgeteilt und
den Hut auf hat der Kapitän, der aber auf
See, im Hafen, je nach Bedarf ebenfalls
arbeitet, bei Dringlichkeit Wache schiebt.
Anders als auf Kreuzfahrtschiffen,
Luxus-Linern, wo wie oftmals üblich, sich der
Kapitän als Gallionsfigur in Galauniform,
geschmückt mit Lametta auf den
obligatorischen Kapitäns Empfängen mit
tausenden Passagieren ablichten lässt.

»okvarianteamazonok«
© 2014 Michael Krausse

5   10   15   20   25   30   35

Stückgutfrachtschiff mit eigenem Ladegeschirr, Anfang
siebziger Jahre

Die Ladung besteht aus großen Holzkisten mit
Maschinen, sowie aus Schwergut, über sechzig
Tonnen schwerer Kettenbaggern, die mit einem
Spezialschwimmkran geladen wurden. Mit
Stahlseilen, Seilklemmen, Winden und

speziellen Schraubzwingen festgezurrt,
seemännisch ausgedrückt fest gelascht, an die
Wanten oder am Boden gegen Verrutschen
gesichert. Alle Seile, Taue, Konstruktionen
zum Seefestmachen der Ladung und der
Bordeinrichtungen bezeichnet der Seemann als
Lasching. Martin und seinen Kameraden wurden
diese Vorgänge eindringlich erklärt, immer
wieder wird geprobt, jedem ist bewusst,
Nachlässigkeiten führen im Extremfall meist
zu Havarien, Schiffsverlusten, Tod von
Besatzungsmitgliedern oder sogar der ganzen
Crew. In der Vergangenheit sind schon so
einige Schiffe durch das Verrutschen der
Ladung bei Sturm und Seegang in
Schwierigkeiten geraten, ja untergegangen.

Dann, der Lotse ist an Bord, die Schlepper

übernehmen die Leinen und bugsieren die
„Bozenborg" durch den Neuen Strom, wieder
vorbei an der Lotsenstation, dem großen
Leuchtturm, der Mole mit vielen winkenden,
laut rufenden, aus dieser Perspektive so
klein wirkenden Menschen, die schnell am
Horizont zu schwarzen Punkten verschmelzen.
Auf der Reede liegen auf Einfahrt wartende
Schiffe verschiedenster Art, Stückgutfrachter
wie die „Bozenborg", Tanker mit Erdöl,
Schiffe mit Schüttgut, die Erz geladen haben
und weiße Fruchtdampfer mit Südfrüchten. Am
Ende der Reede steigt der Lotse von Bord,
entert an einer Lotsenleiter hinab, um auf
ein kleines, enorm seetüchtiges Lotsenboot
überzusteigen. Groß, deutlich sichtbar steht
„Pilot" an der Bordwand und auf dem Oberdeck.
Als der Lotse von Bord, sich mit einem Gruß

»okvarianteamazonok«
© *2014 Michael Krausse*

zur Brücke verabschiedet hat, heulen die
Maschinen auf. Hinter einem Wasserschleier
aufgewirbelter Gischt verschwindet das
orangefarbene Lotsenboot in der Abendsonne,
jagt mit voller Kraft zur Reede zurück, um
eines der wartenden Schiffe an die eben frei
gewordene Stelle in den Hafen zu begleiten.

Nach wenigen Stunden Fahrt entlang der Küste
sind die Schleusen von Kiel-Holtenau
erreicht, wieder kommt ein Lotse mit eigens
geschulten Steuerleuten an Bord und nach dem
Schleusen passiert die „Bozenborg" den
Nord-Ostsee-Kanal bis Hamburg-Brunsbüttel.
Weiter in Manöverfahrt, einige Stunden die
Elbe hoch bis zum Überseeterminal, dem
Liegeplatz, fast gegenüber der St. Pauli
Landungsbrücken.

Martin hatte einen Teil der Nacht mit der
Ankerwache am Bug des Frachters verbracht.
Pflicht auf jedem Schiff während der
Manöverfahrt, bei Ein-und Auslaufen, um im
Falle einer Havarie, drohenden Kollision oder
dem Ausfall der Hauptmaschine das Schiff mit
Hilfe des Ankers abzustoppen. Nach dem
Festmachen, Frühstück, einer „Mütze voll
Schlaf" folgt mit anderen Landgängern ein
Abstecher zur Einkaufsmeile am Bahnhof, um
für die kommenden sechs Monate ausgerüstet zu
sein.

Wieder an Bord schreibt er ein paar Zeilen an
die Eltern. Der Brief kann dann in Rotterdam
oder Antwerpen, den letzten europäischen
Anlandungen vor dem langen Asien-Trip, nach

»okvarianteamazonok«
© 2014 Michael Krausse

Hause geschickt werden. Am Stimmengewirr
bemerkt er, wie sich in der Nachbarkabine
Klaus und Frank für einen Abstecher an Land
fertig machen. Da mehrmals das Wort
„St.-Pauli" gefallen war, siegt die Neugierde
und Martin schließt sich seinen Kameraden an.
In wenigen Minuten sind sie am Anleger der
Landungsboote. Sie haben Glück, da ein Boot
anlegt und sie auf die andere Seite der Elbe
zu den St.- Pauli-Landungsbrücken bringt. Sie
haben von der „Reeperbahn" gehört und
gelesen, sind aber von älteren Kollegen vor
Nepp und Abzocke gewarnt worden. „Da gehen
nur Touristen und Bekloppte hin, die
Hamburger haben andere Lokationen, wo die
sich amüsieren und genau wissen, dass sie
dort nicht abgezockt werden", hatte ihnen
Kabel-Ede von der Stammbesatzung vor dem

Landgang an der Gangway zugerufen. Felsenfest nehmen sie sich vor, diese Ratschläge zu beherzigen, doch die Neugierde auf die allzeit bekannte „Sündigste Meile der Welt" beschleunigt ihre Schritte. Am alten Bismarck-Denkmal vorbei stehen sie schon am Ende der „Reeperbahn", die von der Neonreklame der vielen Kneipen, Theater, Varietés, Live-Shows und Erotik-Center auf beiden Seiten der Straße hell erleuchtet ist. Vor den Amüsements stehen Türsteher, die sofort über die Vier herfallen und sie lautstark zum Eintritt in das jeweilige Lokal bewegen. „Die geilste Show von Hamburg, alles live, Wahnsinns-Frauen, das habt ihr noch nie gesehen", tönen sie und indem sie sich den Vier in den Weg stellen, versuchen sie mit allen Mitteln ihrer Überredungskunst, den

Eintritt fast schon zu erzwingen. „Ein Bier
nur zehn Mark, seid keine Luschen, hier
kommen nur echte Männer rein, hinten warten
echt heiße, scharfe Girls auf euch, das habt
ihr noch nie erlebt." Doch die Vier sind
standhaft, zehn Mark für ein Bier erscheint
ihnen doch überteuert, sie steuern der
„Herbertstraße" zu. Dort bieten sich Frauen,
im Schaufenster sitzend, den vorbeilaufenden
Freiern für Sex-Dienste an, wie auch in
Amsterdam üblich und in „Seemannskreisen"
erzählt wird. Sie laufen an der bekannten
Polizeistation „David-Wache" vorbei, biegen
um zwei Ecken und stehen vor einer
Straßen-Absperrung aus Metall. „Zutritt für
Jugendliche und Frauen verboten", steht
deutlich sichtbar, dahinter eine Gasse, auf
beiden Seiten Schaufenster, hinter denen

aufreizend gekleidete bzw. fast unbekleidete
Damen und Mädchen sitzen, sich präsentieren,
ihnen zuwinken, auffordern stehenzubleiben
oder hineinzukommen. Die Vier bleiben in der
Mitte der schmalen Straße stehen, schauen
überrascht dem emsigen Treiben zu. So wie
genau gegenüber, ein älterer Freier
zielgerichtet zu einer der Damen eilt, diese,
als sie ihn erkennt, sofort den Vorhang des
Schaufensters zuzieht und ihm durch die Tür
Zutritt gewährt. Die offene Nachbarwohnung
zeigt die für die Ausübung der
Geschäftstätigkeiten benötigten Utensilien,
wie ein großes französisches Bett, viele
Kissen, Plüsch, rot erleuchtete Lampen,
Spiegel an den Wänden und oftmals an der
Decke. Dadurch wirkten die kleinen Kämmerlein
bedeutend größer, heller und gemütlicher. Vor

dem Bett ein Stuhl, hier sitzen die Damen des
Hauses, wenn nicht beschäftigt, in anregender
Pose. Die eine mit Schmollmund, die nächste
feuchtet sich mit ihrer Zunge aufreizend
langsam die Lippen. „Komm doch, trau dich,
ich mach´s auch zu Dritt, halbe Stunde nur 50
Mark." So oder ähnlich raunen, flüstern die
Frauen den Vorbeischlendernden zu. Es stehen
auch welche am offenen Fenster, rauchend, die
Zigarette in der Hand, bei genauerem
Hinschauen nicht mehr so jung, in wesentlich
höherer Tonlage, fast schrilles Keifen:
„Wollt ihr ficken oder nur gucken?" Ein paar
Touristen, dick, ja eher fettleibig, Kleidung
in schrillen Farben, Typ „Onkel Sam", knipsen
begeistert Fotos, als wären sie in „Disney
World", eilen dann einem Reiseleiter des im
Hafen gesehenen amerikanischen „Kreuzfahrers"

hinterher. Nach kaum zwanzig Minuten kommt
der ältere Freier aus dem gegenüberliegenden
Ladengeschäft, der Vorhang öffnet sich wieder
für den nächsten Gast. Unsere vier
Jungseemänner haben hiervon genug, es riecht
nach Erbrochenem, aus den Kneipen der
Nachbarstraße hört man lallendes
Stimmengewirr. Die Damen im Schaufenster üben
auf sie keinen Reiz aus. Martin denkt an die
Gespräche an Bord nach Feierabend rund um das
Thema Nr. Eins und die Meinung der meisten
langjährig erfahrenen Kollegen, die Warnung
von Kabel-Ede an der Gangway, bevor sie heute
an Land gegangen waren.

„Die wollen nur dein Bestes, deine Kohle,
sind eben alles Nepper, Schlepper,
Bauernfänger", sagt Klaus. Wie zur

Bestätigung ein kaum sichtbares
gleichzeitiges Nicken. „Macht mich auch nicht
an, den Rest schenken wir uns. Wer kommt mit
zum Schiff?" Martin zeigt Richtung Hafen,
Klaus signalisiert Bereitschaft. Frank
entgegnet: „Nur mal gucken, wenn ich schon
mal hier bin", grüßt die Beiden und
verschwindet um die nächste Straßenecke.

Martin und Klaus haben wieder Glück und
erwischen die letzte Barkasse zum Schiff.
„Taxi wird bestimmt teuer", sind ihre
Gedanken als sie an den an Land
zurückgebliebenen, abenteuerlustigen
Kameraden denken.

In der Koje denkt Martin, inspiriert durch
die Erlebnisse an Land, an Dolly und die

5   10   15   20   25   30   35

Bekanntschaften in der Disko im Heimathafen,
an die Übernachtungen bei einer Freundin im
Studentenwohnheim, die bisherigen Abenteuer,
weitere Versuche seiner sinnlichen Erkundung
der holden Weiblichkeit. Aber immer mit dem
festen Willen, Prioritäten zu setzen, die da
vor allem im Fernweh und dem Drang, die Welt
zu erfahren, Erfüllung finden. Der sonst
allgemein verbreitete Usus, schon in jungen
Jahren eine Familie zu gründen, kam für ihn
nicht in Frage. Das gleichmäßige Brummen der
Hilfsdiesel, die an Bord von den Maschinisten
„Jockel" genannt werden, begleitet Martin in
den Schlaf.

Laufende Hilfsdiesel, mindestens einer läuft
für die Stromerzeugung ununterbrochen, Ruhe
oder Stille wie an Land, zu Hause z.B.

»okvarianteamazonok«
© 2014 Michael Krausse

nachts, gibt es auf einem Schiff nicht. Hier
sind immer Aggregate, Pumpen, Maschinen im
Einsatz wie in einer kleinen Stadt. Absolut
autark so ein Schiff, unabhängig vom Land,
mit eigenem Wasserwerk, Stromerzeugung,
Abfallentsorgung, einer modernen
Trinkwasseranlage, die auf See aus
ungenießbarem Seewasser Brauch- und
Trinkwasser aufbereitet. Eine bordeigene
Kläranlage verarbeitet in
chemisch-bakteriellen Verfahren auf dem
neuesten Stand der Technik alle Abwässer und
Fäkalien. Nichts wird mehr, wie früher
üblich, über Bord geworfen oder außenbords
gepumpt. Ein dichtes Netz von
Überwachungsstationen im Hafen, auf See,
sorgen für die Einhaltung strenger
Umweltvorschriften; Verstöße werden mit

drastischen Strafen geahndet.

In den letzten Jahren der Schulzeit rückte
die Frage der Berufswahl immer öfter an
Martin heran, nahm in unterschiedlicher
Vorstellung konkretere Gestalt an. Gezielte
Werbeveranstaltungen von Armee, Bergbau,
Landwirtschaft überzeugten nicht. Reporter,
die Aufsätze gelingen meistens, bringen gute
Noten, aber nur schreiben, ein Leben lang?

Ein etwas älterer Freund erzählte von seiner
Lehrlingsausbildung zum Koch, eine für Martin
mögliche Option. Die geschilderten
Einzelheiten erreichten aber eine schnelle
Ernüchterung und Abwahl dieses Berufes, da
der Freund eine ganze Woche lang nur Hühner
ausnehmen, Möhren schnippeln und Herdplatten

von übergekochten, angebrannten Speisen
befreien musste.

Martin kochte gerne, half beim Abschmecken,
der Zubereitung für den Sonntagsbraten, mit
Vorliebe Rouladen. Überraschte ab und zu die
Mutter mit einem gebackenen Rührkuchen am
Samstag, da sie halbtags tätig war, er sich
dann an ihren freudigen Augen beglückte. Das
Klagelied des Freundes war so ernüchternd,
dass die vorherige positive Einstellung sich
schnell verflüchtigte, aber als Hobby blieb.

Dann, eher zufällig, bekam er eine
Zeitungsanzeige in einer Jugendzeitschrift in
die Hände, bei Ausbildungsangeboten prangte
über einem lachenden, vor einem Schiff
stehenden Seemann in großen Lettern der

Schriftzug: „Fahr auch du zur See, die Welt
im Beruf erfahren". Das ist es. Martin hatte
immer wieder diese Anzeige vor seinen Augen,
sieht sich schon in Japan den Fuji besteigen,
in Hongkong oder Rio an Land gehen. Die
Neugier auf die weite, ihm unbekannte Welt
war sofort geweckt, raus aus dieser
provinziellen Enge mit den so eingeschränkten
Möglichkeiten beruflicher, persönlicher
Entfaltung. Jetzt setzt er alles daran, dort
angenommen zu werden. Die Auswahl streng, nur
die Besten erhalten eine Zusage. Die Lehrer
in der Schule rieben sich verwundert die
Augen, welche Energie, Fleiß da plötzlich
aktiviert wurden. Zusätzlicher Kurs Englisch
in der Volkshochschule der Kreisstadt,
Rettungsschwimmer-Lehrgang im Nachbarort
erfolgreich absolviert, Zensuren-Spiegel

5   10   15   20   25   30   35

steil nach oben. Alles entscheidende
Seetauglichkeitsprüfung ebenfalls positiv,
dann endlich die Zusage der Reederei, zur
Ausbildung angenommen.

Jedes Besatzungsmitglied an Bord hat seinen
festen Arbeitsplan, hat eine komplexe
Ausbildung, kann je nach Bedarf fast überall
an Bord eingesetzt werden. Das spart Leute,
der Reederei Geld. Martin ist heute auf der
Brücke. Seit Verlassen der großen
Übersee-Schleuse aus dem Hafen von Antwerpen
fährt das Schiff einige Zeit die Schelde
talwärts bis zur Mündung in die Nordsee. Der
Lotse gibt seine Anweisungen, der Rudergänger
hält den angegebenen Kurs oder verändert die
Ruderlage nach Aufforderung. Das Ruder ist
eher ein kleines Handrad, halbrund, ähnelt

eher dem Steuer eines Flugzeuges. Wenige
Millimeter nach rechts, steuerbord oder
links, backbord, reichen aus, den Kurs des
Schiffes zu verändern. Die Veränderung der
Ruderlage bewirkt umgehend die Bewegung und
Reaktion auf die Hydraulikzylinder der
Rudermaschine, verbunden direkt mit dem
tonnenschweren Ruderblatt hinter der
Schiffsschraube.

Das Schiff wird langsamer, der Lotse
verabschiedet sich, nimmt mit einem Griff
gleichzeitig zwei Zigaretten aus der
angeboten Schachtel. Kapitän und der
wachhabende Offizier schmunzeln, als sie aus
den Augenwinkeln den unter Seeleuten
bekannten „Lotsen-Griff" beobachten. Dieser
wünscht alles Gute, glückliche Reise,

verlässt über eine spezielle Lotsenpforte das
Schiff. Er klettert die Lotsenleiter hinab,
ein Besatzungsmitglied des Pilot-Bootes hilft
beim Übersteigen. Schon brüllt dessen
Maschine auf und lässt es hinter einem
Wasserschleier verschwinden.

Die „Bozenburg" nimmt Fahrt Richtung
Englischen Kanal auf, für die Biskaya ist
Sturm angesagt. Dafür ist diese bekannt, die
Dünung nimmt jetzt schon, im geschützten
Ärmelkanal zu. Zu den Mahlzeiten werden die
Tischdecken in der Messe angefeuchtet, was
ein Verrutschen von Geschirr, Besteck usw.
verhindern soll. Ab Seestärke sechs werden
dann zusätzlich Schlingerleisten an den
Tischkanten hochgeklappt. Die Stühle sind
Drehstühle mit einem fest im Boden

5   10   15   20   25   30   35

verankerten Pfosten, damit sie nicht
verrutschen. Eine gewisse Routine ist beim
Sitzen vonnöten, um die jeweilige Kränkung
des Schiffes mit dem entsprechenden Bein
auszugleichen. Am Anfang für beschwerlich und
vom eigentlichen Essen ablenkend, entwickelt
jeder seine eigene Strategie und bei Seegang
ist eine Suppe für manchen eine echte
Herausforderung. Clevere erfahrene Köche
verzichten dann darauf. In der Kombüse haben
sie bei Dünung, Seegang oder Sturm alle Hände
voll zu tun, die Besatzung in jeder Situation
zu versorgen. Damit die Töpfe nicht vom Herd
rutschen gibt es spezielle Schlingerleisten
zwischen den Herdplatten, die je nach
Topfgröße verstellt werden. Alle Schüsseln,
Kannen, Schneidbretter, Siebe, Messer,
Löffel, Kellen usw. stecken in eigens für die

5   10   15   20   25   30   35

Kombüse gefertigten Haltevorrichtungen an der
Wand, in Schubladen, hängen wie in einem
Gitter oder Haken an der Decke. Mit einem
Fahrstuhl gelangen die Mahlzeiten eine Etage
höher in die Pantry, wo Stewardessen diese
auf entsprechendem Geschirr anrichten und in
der Messe servieren. Die Pantry ist ähnlich
wie die Kombüse seefest eingerichtet, die
Tassen hängen an der Decke, Teller und
Schüsseln in Regalen an den Wänden. Die
Schubladen für die Bestecke sind gegen
selbständiges Öffnen gesichert, genau wie
überall auf dem Schiff in den Stores,
Magazinen, Lagern oder in den Kabinen diverse
Vorrichtungen für Seefestigkeit sorgen.

Am nächsten Morgen, die Biskaya, die See wird
immer rauer, der Sturm zu einem Orkan mit

Windgeschwindigkeiten über 120
Stundenkilometer. Der erste Offizier, der
Chief Made, für die Ladung verantwortlich,
inspiziert mit dem Bootsmann die Luken von
vorne nach achtern. Aus den Laderäumen sind
laute Polter- und Quietschgeräusche zu hören,
als wenn die Ladung sich hin- und her bewegt.
Die beiden Männer, schwere Sorgenfalten im
Gesicht, schauen sich besorgt an. Finden in
den ersten zwei Luken aber nur ein paar
gelockerte Sicherungsdrähte der Laschings,
die durch Andrehen der Spannschrauben wieder
fest gesichert werden. Als sie das
Zwischendeck der dritten Luke betreten, sehen
sie die Ursache der lauten Polter-und
Quietschgeräusche. Fassungslos erblicken Sie
ein Inferno zerquetschter Holzkisten,
demolierter Maschinenteile. Zwei übereinander

geschobene Bagger haben sich, hervorgerufen
durch die enormen Kräfte der permanenten
Wellenbewegung, mehrere Meter von ihrem
ursprünglichen Standort fortbewegt. Alles,
was ihnen im Wege stand, zermalmt,
zerquetscht. Welch ein Anblick, den die
erfahrenen Seeleute so bisher nicht erlebt
haben. Beide sind sofort erblasst, kalter
Scheiß tritt auf die Stirn, ihnen wird die
weitere Tragweite bewusst. „Das ist der
Anfang vom Ende", den Gedanken will keiner
aussprechen, ihr Blick spricht Bände. „Alles,
was Beine hat, herholen, mach schnell Boss",
zischt der Chief Made dem Bootsmann zu und
informiert per Funkgerät den Kapitän über den
Ernst der Lage. Dieser lässt das Schiff
sofort gegen den Sturm drehen, eine große
Wolke von Gischt, gefolgt von riesigen vorne

5   10   15   20   25   30   35

kommenden Wellenbergen, übergießt den Bug.
Die Wellen gleiten unter dem Schiffsboden
entlang, heben das Achterschiff an, wobei die
Schiffsschraube, die teilweise aus dem Wasser
taucht, enorme Kräfte freisetzt, die das
ganze Schiff erzittern, die Hauptmaschine
aufbrüllen lassen. Der Kapitän drosselt
weiter die Geschwindigkeit, so dass das
Schiff manövrierfähig bleibt; der
Richtungswechsel hat ein weiteres Bewegen der
Bagger verhindert.

Die Lage ist so ernst, dass der Kapitän alle
Offiziere umgehend auf die Brücke bestellt.
Von der Brückennock zeigt er auf die
Außenwand der betreffenden Luke, von außen
ist eine große Ausbeulung erkennbar. Durch
das Gewicht der Bagger, jeder sechzig Tonnen

schwer, haben die Verstärkungen der Außenhaut
diesem Gewicht nicht standgehalten, einige
Zentimeter nachgegeben, sichtbar nur durch
den sonst geraden Verlauf der Außenhaut bei
allen anderen nicht betroffenen Luken. Zum
Glück wurden die Bagger im unteren Deck
verladen, wo die Schiffsspanten am stärksten,
nah dem Schiffsboden in diesen übergehen, der
Schwerpunkt des Schiffes sich weiter unten
befindet. Nach oben verjüngen sich die
Spanten, die Hebelwirkung durch die Kraft der
Wellen würde verstärkend auf den nur einen
Zentimeter dicken Stahl der Außenhaut eine
verheerende Wirkung hervorrufen, in
absehbarer Zeit die Außenhaut einreißen,
einen Wassereinbruch bewirken, durch eine
verstärkte Schlagseite die anderen Bagger
nachrutschen. Diese sich dann auf der Seite

auftürmen, bis sie die Bordwand durchbrechen, das Schiff in Minutenschnelle sinken. Keine Chance für die Besatzung, die Rettungsboote zu Wasser zu lassen.

Fieberhaft wird auf der Brücke nach Lösungen gesucht, diese überaus kritische Situation in den Griff zu bekommen. Die erfahrenen Männer haben schon viele Stürme mit bedeutend höheren Windgeschwindigkeiten, Ladungsbrände, Strandungen und sogar einen Schiffsuntergang erlebt, überlebt, doch an solch eine kritische, verzwickte Lage kann sich keiner erinnern. Nebensache, jede Sekunde zählt, was ist jetzt noch machbar? „Wir müssen die Bagger fixieren, Freiräume versperren, die Bewegungsfreiheit minimieren", sagt der Kapitän und schaut in die Runde. „Wer hat da

eine Lösung?" Jeder der Spezialisten hat so
seine Variante, mögliche Lösung; was ist aber
jetzt schnell und realistisch umsetzbar?
Eilig ist ein möglicher Entwurf der
Vorgehensweise erstellt. Ein Trupp mit dem
Bootsmann sorgt für Beleuchtung, bildet dann
eine Kette von Luke zu Luke, transportiert so
Balken, Stau-Holz, Fender, Paletten,
Stahlseile, Stahlnetze, Papierrollen, alles
was als Hindernissperre tauglich erscheint.
Jede auffindbare Verzurr-Einrichtung,
Spannschrauben, Seilklemmen, Festmacherleinen
aus Stahl oder chemischen Fasern werden um
die bedrohlichen Bagger gewunden,
festgezurrt. Ein nächster Trupp mit
Maschinisten, angeführt vom Store Keeper,
kämpft sich mit einem Schweißgenerator in die
Nähe der Unglücksstelle. Die aufgewühlte See

peitscht über das schlingernde Deck, keiner
in der Lage aufrecht zu stehen. Mühsam, meist
nur auf allen vieren, werden die
entsprechenden Ausrüstungen, benötigte
Werkzeuge, Materialien nach vorne zur Luke im
Windenhaus, durch enge Einstiege abwärts in
den untersten Laderaum bugsiert. Zu lange
Bohlen zersägt, sperrige Ausrüstungen zerlegt
und vor Ort wieder zusammengesetzt. Die
Aktion läuft schon über Stunden, die
Lehrlinge holen nebenbei aus der Kombüse
Behälter mit Proviant und heißem Tee,
willkommene Aufforderung für die erschöpfte
Crew zu einer Stärkung mit einer kurzen Pause
zwischendurch.

Ein Trupp mit dem zweiten Nautischen an der
Spitze, bugsiert aus der letzten Luke vom

»okvarianteamazonok«
© 2014 Michael Krausse

Achterschiff weiteres, dringend benötigtes
Holz zur Schiffsmitte. Um den Vorgang zu
beschleunigen, aber zu vereinfachen, setzen
sie die Ladewinden mit Umlenkrollen des
Ladegeschirrs ein. Zwei Heaven, Holzstapel
mit Stauholz, die an der Seite am
Schanzkleid, neben der letzten Luke lagen,
wurden auf diese Art schon transportiert.
Jetzt sollen weitere fünf auf der Luke
liegenden Heaven erst per Winde von der höher
gelegenen Luke auf das Deck, dann wie die
anderen per Umlenkrollen und Ladewinden nach
vorne gezogen werden. Ununterbrochen kommt
von allen Seiten Wasser über, die Männer
sichern sich mit Sicherheitsgurten gegen ein
Überbordgehen durch die stetig heftig
heranstürmenden Wellen ab. Dazu führen sie
zusätzliche Verlängerungsleinen um den über

5   10   15   20   25   30   35

ihnen in einer Ablage liegenden Ladebaum und
haken ihren Sicherheitsgurt an jener
Verlängerung fest. Dies wird ihnen weitere
Bewegungsfreiheit ermöglichen. Max, ein erst
kürzlich aufgestiegener Decksmann, hakt den
Ladehaken in die Drahtschlinge der auf der
Luke liegenden Holzstapel ein. Die Winde
zieht an, in diesem Moment bekommt das Schiff
einen schweren Brecher von der Seite.
Zusätzlich zu der Stampfbewegung, die am
Achterschiff nochmal durch die Länge des
Schiffes verstärkt wird, löst sich der
Ladebaum aus der Halterung. Max reißt es von
den Beinen. Seine Sicherheitsleine ist
fatalerweise an diesem, frei schwingendem
Ladebaum, eingehakt. Der Schwerkraft
gehorchend schwingt dieser nach außenbords,
mit Max, der an der Spitze des Ladebaumes

hängt. Mit schreckgeweiteten Augen schaut er
hilfesuchend zu seinen Kameraden, die
ebenfalls völlig überrascht wurden, wie
gelähmt in die Situation nicht eingreifen,
die Köpfe einziehen, um nicht vom
vorbeifliegenden Ladebaum erschlagen zu
werden. Ein erschütternder Angstschrei lässt
sie aufschauen, sie müssen tatenlos zusehen,
wie Max mit der kommenden, großen Welle,
zusammen mit dem Ladebaum nach einem
Einhundertachtzig-Grad- Schwenk in diese
eintaucht und von ihrer enormen Wucht in
Richtung Schiff zurückgeworfen wird. Mit
einem dumpfen Geräusch wird Max an die
Bordwand, nach einem wiederholten Schwenk
gegen die andere Seite geworfen. Der zweite
Offizier hat endlich regiert, die Winde
eingeschaltet, das Stahlseil wird fest

angezogen, der Ladebaum bewegt sich nicht
mehr nach außen. Max kann von zwei eilig
herbeigeeilten Kameraden geborgen werden. Er
blutet am Kopf, der Zweite prüft die Wunde,
lässt ihn in das nahe gelegene kleine
Bord-Hospital bringen, versorgt dann die
Platzwunde, glücklicherweise sind erst mal
keine Brüche oder lebensbedrohliche Situation
erkennbar. Er weist eine dazugekommene
Stewardess an, sie solle sich weiter um Max
zu kümmern, verordnet absolute Bettruhe,
falls sich der Zustand verschlechtert, ihm
umgehend Bescheid zu geben. Er eilt zurück zu
seinem Einsatzort, zur Rettung des Schiffes.

Der Store Keeper hat sich inzwischen mit
seinem Trupp bis zu den havarierten Baggern
zur unteren Ladeluke vorgekämpft, das

Schweißaggregat positioniert, Kabel gezogen und einem Lüfter, der die Gase absaugt, angeschlossen. Auf der Brücke erinnerte sich der Chief Mate, dass auf einer der letzten Reisen Eisenbahnwaggons transportiert wurden. Diese standen auf Eisenbahnschienen und wurden mit den Schienen zusammen verladen. Zusätzlich zu den üblichen Laschings mit Spannschrauben, Drahtseilen, Seilklemmen, Winden usw. wurden die Schienen auf den Unterboden des Schiffes angeschweißt. Im Zielhafen wurden die Schweißnähte wieder entfernt, poliert und übermalt. Die damals erfolgreiche Methode, an diese Situation angepasst, wird uns jetzt aus der Gefahr retten. Jene Gedanken, weitere neue Ideen bringt er in die Lagebesprechung ein. Auf der Brücke herrscht sofort Einigkeit darüber,

5   10   15   20   25   30   35

diese Möglichkeit der Sicherung einzusetzen,
der Store Keeper und seine Mannen erhalten
die Anweisung genauso zu verfahren, die
Ketten der Bagger mit dem Metallboden der
Luke in mehreren dicken Schweißnähten zu
verschweißen. Bei der enormen
Schiffsbewegung, dem nicht vorhersehbaren
Schlingern nach allen Seiten eine wahre
Sisyphusarbeit und nur machbar, indem er sich
regelmäßig mit dem ersten Maschinisten
abwechselt, der eine Zeitlang, vor seinem
Wehrdienst, in der Werft als Schweißer tätig
war. Sie kühlen dabei regelmäßig die Umgebung
der Schweißung ab, es besteht akute
Brandgefahr im Nebenraum durch entzündliche
Ladung. Außerdem befindet sich unter dem
Metallboden der Luke der doppelte
Schiffsboden mit Treibstofftanks für Diesel

und Schweröl. Zur weiteren Absicherung steht
neben ihnen eine zusätzliche Brandwache mit
Feuerlöschern und angeschlossenem
C-Strahlrohr.

Nach und nach bringt der Kapitän das Schiff
wieder auf den ursprünglichen Kurs, die
Sicherungsarbeiten sind beendet, vor Ort ist
die Brandwache geblieben, Bootsmann und
Chief-Mate beobachten gespannt den
beleuchteten Laderaum mit den verrutschten,
jetzt gesicherten Baggern. Obwohl die
Kränkung wieder zunimmt, stärker wird,
bleiben die havarierten Bagger an den
zusätzlich festgeschweißten Stellen stehen.
Durch Umpumpen von Treibstoff und
Ballastwasser auf die gegenüberliegende Seite
konnte ebenfalls eine Entlastung, Minimierung

der durch das Verrutschen der Bagger
entstandenen zusätzliche Schlagseite erreicht
werden. Ein erstes Aufatmen, die angespannten
Gesichter hellen sich nach und nach auf, wer
nicht zur unmittelbaren Aufrechterhaltung des
Schiffbetriebes benötigt, wurde schlafen
geschickt. Wer weiß, was da nachkommt? Besser
gleich die „Akkus aufladen", um ausgeschlafen
neuen möglichen Herausforderungen gewappnet
zu sein.

Auf dem Weg zur Kabine sucht der zweite
Offizier seinen Patienten im Hospital auf.
Auf den Handelsschiffen fährt kein
zusätzlicher Schiffsarzt mit, alle Nautiker
sind medizinisch ausgebildet, der zweite
Offizier betreut das Hospital und wird von
der Besatzung mit „Dock" angesprochen. Die

Ambulanz ist für eine Notversorgung ausgerüstet, Zahnziehen unter Umständen machbar, besser aber bei einem Profi an Land. Schwierigere Fälle werden, wenn möglich, an Land gebracht und dort medizinisch versorgt. Per Funk kann eine Klinik von zu Hause aus bei einer Notlage auf hoher See assistieren, aber nur dann, wenn eine Bergung per Hubschrauber oder Notrettungskreuzer wegen Sturm unmöglich oder das Land zu weit entfernt ist.

„Hat Max etwas geschlafen?", fragt er die im Hospital anwesende Stewardess, schaut dabei Max in das Gesicht, der mit geöffneten Augen starr zur Decke blickt. Sie schüttelt nur müde den Kopf. Den Zweiten durchzuckt bei genauerer Prüfung mit Blick in die Augen des

Patienten ein lähmender Gedanke, ein kalter
Schauer steigt ihm langsam den Rücken hoch,
er erinnert sich an die medizinischen
Schulungen in der Ausbildung an Land.
Geplatzte Äderchen im Weiß der Augen,
Einblutungen in die Augenhöhle, beim ersten
Check, gleich nach dem Unfall für ihn nicht
sichtbar, sickert jetzt blutige Flüssigkeit
aus Mund, Nase und Ohren. Schädelbasisbruch,
hier im Sturm, weit entfernt von der Küste,
keine Chance auf Rettung. An Land ebenfalls
eine kritische Situation, immer ein Fall für
die Notfallklinik. Er läuft schnell auf die
Kommandobrücke, nimmt Verbindung mit der
zuständigen Notfall-Klinik an Land auf,
schildert die Ereignisse, die medizinische
Situation und Lage des Verunglückten, der
inzwischen bewusstlos, nicht mehr ansprechbar

ist.

„Entlasten Sie den Kopf, lagern sie den
Patienten möglichst in Rückenlage mit
erhöhtem Kopf, es sieht sehr nach
Schädelbasisfraktur aus mit wahrscheinlicher
Hirnblutung. Der Ausfluss aus Nase, Mund und
Ohren deuten auf Gehirn und/oder
Rückenmarkflüssigkeit, Blut hin, das macht
leider die Lage kompliziert, der Patient
müsste umgehend operiert werden. Es besteht
die Gefahr von Komplikationen durch Ansteigen
des Hirndrucks, ein Anzeichen ist die
bestehende Ohnmacht. Versuchen sie, einen
Atemstillstand zu vermeiden, wir informieren
die Küstenwache, die ihnen, wenn der Sturm
nachlässt, ärztliche Hilfe per Luftrettung
schickt. Laut Wetterbericht wird das aber

erst in zwei, drei Tagen möglich sein. Wir
bleiben im Kontakt und drücken die Daumen.
Over and out."

„Intubation, einen Tubus legen, mehr kann ich
jetzt nicht machen, hoffentlich keine
Hirnquetschung, das überlebt er hier nicht",
seine Gedanken überschlagen sich auf dem Weg
zurück in das Hospital. Hier warten schon die
wichtigsten Mitglieder der Schiffsleitung,
alle Nautiker haben wie er eine medizinische
Ausbildung durchlaufen, reichlich Erfahrungen
in ihrer langjährigen Seefahrtzeit gesammelt.
Doch helfen kann Max hier keiner mehr, in den
Minuten des Telefonats war der Hirndruck
weiter angestiegen, das für die Atmung
zuständige Gehirnareal gequetscht, was zum
Atemstillstand führte. Max war inzwischen,

»okvarianteamazonok«
© 2014 Michael Krausse

unbemerkt von allen, gestorben.

Die Aktion war geglückt, die Ladung nicht
weiter verrutscht, der Sturm ebbte nach und
nach ab, entgegen der sonst gewohnten
fröhlich-zuversichtlichen Lockerheit an Bord,
lag ein Gefühl von tiefer Trauer über der
Besatzung. Schmerzlich erkennbar bei den
Mahlzeiten, der unbesetzte Stuhl von Max, zog
die ungläubigen Blicke auf sich. Aber Max war
tot, kommt nie wieder, wird nie auf diesem
Stuhl bei ihnen sitzen, liegt jetzt unten, im
gekühltem Vorraum der Proviantlast. Am
nächsten Morgen wird der Frachter einen
außerplanmäßigen Nothafen anlaufen. Schäden
am Schiff werden geprüft und falls nötig
sofort behoben.

Max wird im Hafen abgeholt, zu seinen Lieben
nach Hause gebracht, Vertreter der Reederei
werden später am Grab die
Einsatzbereitschaft, Tapferkeit loben.

Da ist die Besatzung der „Bozenburg" im
Atlantik unterwegs, der Platz von Max von
einem neuen Decksmann besetzt, der
nachgeflogen wurde, die täglichen Ereignisse,
der schnelle Tagesablauf, die Erinnerung an
Max verblassen nach und nach. Die Havarie,
den Fast-Untergang wird keiner der
Beteiligten jemals vergessen; kommende
Abenteuer werden diese Erlebnisse, den
bestandenen Kampf um Leben oder Tod in den
Hintergrund treten lassen. Das Brummen der
Maschine verkündet unmissverständlich: Diese
Reise geht zu Ende, weitere Törns werden

kommen.

Martin steht nach getaner Arbeit auf dem Peildeck, über der Kommandobrücke, schaut, wie die Sonne glutrot am Horizont versinkt. Er steht gern hier oben, das Vorschiff durchpflügt die rollende Dünung, die Dämmerung hat das den ganzen Himmel einnehmende Abendrot verdrängt. Die Bugwelle leuchtet in der Dunkelheit wie von Geisterhand von unten angestrahlt, fluoreszierende kleinste Meeresbewohner sorgen für ein gigantisches Meeresleuchten, die Luft durchfurcht angenehm seidig seine Haare. Nur wenige Meter über ihm gleiten zwei Albatrosse wie Segelflugzeuge dahin, andere Vögel im Geleit, untrügliche Zeichen für baldiges Erreichen von Land.

5   10   15   20   25   30   35

Er freut sich auf die kommenden Abenteuer,
neue Häfen, ferne Länder, Freundschaften,
Frauen……

Piraten vor Singapur-

Singapur, Perle des Orients, Weltknotenpunkt
der Seefahrt. Umschlagplatz von Fracht aus
Europa oder Amerika nach Asien, Fernost und
umgekehrt. Ein kleiner, aber wirtschaftlich
aufstrebender Tigerstaat, der nach Lösung von
Malaysia eine enorme Entwicklung genommen
hat. Martin ist schon einige Jahre zwischen
Japan und Europa gependelt, hat verschiedene

Besatzungen auf mehreren Schiffen kennen und
schätzen gelernt. Andere Routen, neue Häfen,
viele Erlebnisse und Erkenntnisse haben nach
und nach seinen Blick für das Wesentliche
geschärft. In jedem Hafen wurde er gast-
freundlich, mit Achtung empfangen, hat Reichtum und bittere Armut gesehen. Singapur ist
ein reicher Stadtstaat, ein Vielvölkerstaat,
regiert mit harter Hand. Die Sauberkeit der
Stadt überrascht Martin immer wieder, seit er
zum ersten Mal hier anlandete. Er erinnert
sich an die englischen Kolonialbauten, die
Post in der als Lehrjunge Briefmarken für die
Postkarten nach Hause erworben hatte. Da
existierte Chinatown noch, die indischen
Händler in Hafennähe, der typische Curry-
geruch in den Straßen der Vorstadt mit
vorbeieilenden Rikschas, beladenen Mopeds,

Träger schwerer Warenballen, die sie auf den
Kopf balancierten. Eine Reise später, nach
sechs Monaten, wuchsen die ersten Hochhäuser
der City mit rasanter Geschwindigkeit empor.
Mit jeder Reise beobachtete er, wie immer
mehr Bauten der Engländer aus der Kolonialzeit, die unlängst die Skyline der Stadt
beherrschten, im Schatten der neuen Riesen
verschwanden. Nach Jahren der Abwesenheit,
Martin war einige Touren in Südamerika und
der Karibik unterwegs gewesen, glaubte er auf
einer weiteren Reise, mit Halt in dieser
faszinierenden Stadt, seinen Augen nicht zu
trauen. Aus einigen überschaubaren Hochhäu-
sern ist inzwischen ein zweites Hongkong,
Manhattan emporgewachsen. Dem Meer wurde Land
abgetrotzt, darauf entstanden Autobahnen, ein
neuer moderner Airport, weitläufige Wohnge-

biete. Nach jeder Reise oder längeren
Abwesenheit war diese Stadt kaum wiederzu-
erkennen. Chinatown wurde schon nach wenigen
Jahren untergepflügt, bildete das Fundament
für das neue, gigantische Singapur.

Martin erinnert sich an die ersten Begegnungen mit dieser Megacity, Besuch beim Zahnarzt unweit der Post im alten Kolonialstil.
Da kein Dentist an Bord eines Frachtschiffes
mitfährt, wird bei Schmerzen und Bedarf im
nächsten Hafen ein Besuch durch die Agentur
organisiert. Das klappt reibungslos, die
Augen werden aber dann doch immer größer beim
Anblick der Ausstattung und Geräte, Relikte
der Kolonialzeit, Bohrmaschine mit Fußmecha-
nik, Werkzeuge zum Fürchten, der Schock saß
tief, eilige Flucht. Die Behandlung wurde ein

paar Tage später in Yokohama in einer Praxis
mit modernster Technik beendet.

Er denkt an die Zeit der Beatles, die wegen
ihrer langen Haare Auftrittsverbot erhielten.
Martin erinnert sich an ein Schild, welches
bei Ausspucken eines Kaugummis fünfhundert
Singapur-Dollar Strafe androht. Er denkt an
seine Sause mit Kumpels vom Schiff, in der
Gegend der Bugis-Street, der Nacht, in der er
zum ersten Mal im Leben Männer als Frauen
erlebt. Diese als Prostituierte ihren Lebens-
unterhalt verdienen, täuschend echt mit
Frauen zu verwechseln, als Mann nur am stär-
keren Kehlkopf, prallen Inhalt der Hose
erkennbar. Transvestiten spielen in Asien
eine gewisse Rolle und scheinen vor Ort
begehrt. Für Martin und seine Kumpels eine

Erfahrung, als Erscheinung, aber doch absto-
ßend und befremdlich. Alle froh, als sie
wieder an Bord sind.

Gerne sind sie einkaufen im „Peoples-Park",
ein Shopping-Center mit hunderten kleinen
Händlern, um Mitbringsel für die Familie zu
erwerben. Ihnen bereitet es Spaß zu feilschen. War der Preis doch arg zu hoch, half
ein Weitergehen, ein totales Desinteresse
vorzutäuschen an diesem Geschäft. Nach einer
Stunde erneutes „zufälliges Autauchen", der
Händler erkennt, senkt den Preis. Doch das
ist erst der Auftakt zum wahren Feilschen und
wiederholten Verschwinden. Der Händler ist
nicht mehr freundlich, hält er Martin für
einen der vielen Touristen, meist füllige,

grellfarben gekleidete Amis oder blasse, rot-
bäckige Engländer in Boxershort, die hier mit
Kreuzfahrtschiffen anlanden. Da lohnt sich
ein Landgang ohnehin kaum, da diese Art
Touris die Preise verderben. Das Spiel wird
an einen der kommenden Tage fortgesetzt,
bringt mit der nötigen Geduld den gewünschten
Preis. Doch das ist jetzt in den modernen
Glaspalästen und Shopping-Meilen vorbei, Handeln ab und zu möglich, aber eher immer
seltener.

Martin erinnert sich an die weltweite Öl-
Krise der siebziger Jahre. Das faszinierende
Management der Behörden, die mit perfekter
Organisation an den Bushaltestellen der
Hafen-Vorstadt, Busse fuhren wegen der Krise
nicht, Haltepunkte errichteten. Jeder in die

Stadt fahrende einheimische Autobesitzer
hatte sein Fahrzeug mit wartenden Busfahr-
gästen bis zur maximalen PKW-Kapazität aufzu-
füllen. Somit sind keine Leerfahrten möglich,
nur auf diese Weise die Fahrt in die Stadt
und zurück freigegeben, simpel und effektiv.
Seine Gedanken wandern nach Hause, zum anderen Ende der Welt.

Die Reede von Singapur ist eine der größten
weltweit, hundert und mehr Schiffe liegen
gleichzeitig hier. Sie nimmt ein riesiges
Gebiet ein und weckte Begehrlichkeiten bei
malayisch-chinesisch-indonesisch-philippi-
nischen Piraten. Ende der siebziger Jahre des
letzten Jahrhunderts sind die Gebiete um die
Malakkastraße ein gefährliches Gewässer
geworden.

Stückgutfrachter in der Malakkastraße, Piraten-
gebiet bis vor Singapur

Tausende Inseln boten den Piraten Unter-
schlupf, Schiffe samt Fracht und Besatzung
verschwanden für immer. Die Hintermänner
waren über den Wert der Ladung, Termine und

Fahrpläne der Schiffe bestens informiert.
Informanten in den Häfen, Agenturen und
Behörden der Anliegerstaaten Thailand, Malaysia, Indonesien, Philippinen geben diese
Daten der Schiffe an die Piraten weiter. Man
vermutete eine Verbindung zur Mafia in China/
Taiwan, Vietnam, Japan. Für die Besatzungen
der vor Ort fahrenden Schiffe immer ein
ungutes Gefühl der Wehrlosigkeit, Lotterie-
spiel eines Überfalls. Begehrte Objekte der
Piraten sind Tanker, die vollbeladen, schwer-
fällig, langsam fahrend ein optimales
Angriffsziel bieten. Ein tiefgehender belade-
ner Tanker, die Bordwand ist leicht zu
entern, im Verhältnis zur Größe nur wenig
Besatzung an Bord. Die Ladung lässt sich
überall verkaufen, schnell abpumpen, lagern.
Oftmals überlebte die Crew einen Überfall

nicht. Einheimische Besatzungsmitglieder
hatten dann Glück, wenn sie die Fronten wech-
selten. Die Piraten haben wendige Schnell-
boote im Einsatz, ausgerüstet mit einer
Maschinenkanone und Maschinenpistolen,
reichte meist diese Drohkulisse zur Aufgabe.
Die Chance, ohne Widerstand verschont zu
bleiben war höher, als ein aussichtsloser
Kampf, der dann meist gnadenlos zum Tod der
Besatzung führte. Diese Praktiken verteilten
sich wie ein Lauffeuer um die Welt, Thema auf
jedem Schiff, die Versicherungen erhöhten die
Policen, Reedereien forderten die Politik
auf, Maßnahmen gegen die dreiste Piraterie zu
ergreifen. Doch es vergehen Jahre, bis endlich gehandelt, die Piraten aus diesen
Gebieten verdrängt wurden. Bis dahin bekamen
die Besatzungen der dort fahrenden Schiffe

die Order von ihren Reedereien, im Falle eines Angriffs zur Selbstverteidigung überzugehen, bei zu großer Gefahr zu kapitulieren. Die Verteidigung nahm groteske, skurrile Züge an, indem in den Gefahrengebieten unter Druck stehende Feuerwehrschläuche an Deck ausgelegt wurden. Bei Annäherung der Piraten sollen die Wasserfontänen der C-Schläuche diese abhalten das Schiff zu entern. Den Ernstfall möchte man sich besser nicht vorstellen. Glück für Martin und seine Kollegen, dies ist für sie nie real geworden.

Martin ist Zeuge eines dreisten Überfalls am hellerlichten Tage auf der Reede von Singapur. Ein Speedboot der Piraten mit sechs Mann Besatzung fährt direkt auf einen Tanker mit norwegischer Flagge zu, der wie sein Schiff auf der Reede ankerte. Zwei Mann stürmten die runtergelassene Gangway rauf, direkt weiter bis zur Kabine des Kapitäns, halten diesem eine Pistole an den Kopf, zwingen ihn, den Inhalt des Tresors zu übergeben. Nach fünf Minuten ist das Schnellboot verschwunden, der Überfall unblutig beendet. Beute zweitausend Dollar, drei Pistolen mit Munition. Vergleichsweise harmlos, aber die Dreistigkeit, Unverfrorenheit bis vor die Tore von Singapur den Wirkungsbereich der Raubzüge auszuweiten. Die immer steigende Zunahme der Überfälle veranlasste die Anliegerstaaten, unter britischer Leitung Gegenmaßnahmen zu ergreifen. Innerhalb kurzer Zeit aufgerüstet, patrouilliert eine Flotte schneller wendiger Kanonenboote heute in den gefährdeten Gewässern.

- Äquatortaufe-

Der Suez-Kanal ist geschlossen, Auswirkung
des Sechstagekrieges in Nahost Ende der Sech-
ziger. Jahre werden vergehen, bevor Schiffe
den Suez-Kanal befahren, das Land Ägypten
dringend benötigte Einnahmen erwirtschaftet.

Martin und seine Mitschüler haben ihre Lehre
abgeschlossen. Die Wege der Kameraden sich
danach getrennt, nur Frank von der Küste, von
der alten Gruppe vom Lehrschiff, ist mit ihm
auf diesen Frachter aufgestiegen. Jeder verfügt jetzt über eine eigene Kabine, welch ein
Unterschied zu den Schiffen der Vergangenheit, die Blechklasse auf dem Lehrschiff, die
damit verbundenen Entbehrungen. Jetzt schmunzeln sie darüber.

»okvarianteamazonok«
© 2014 Michael Krausse

5   10   15   20   25   30   35

Seit Tagen fällt auf, dass der Koch die
Küchenabfälle in ein am Achterschiff ste-
hendes, ausrangiertes, großes Ölfass kippt,
nicht wie bisher üblich, als Fischfutter über
die Reling. Es fällt auf, da der durch die
sengende Äquatorsonne beschleunigte Zerset-
zungsgeruch immer mehr in üblen Gestank über-
geht. Der Platz ist extra abseits vom Zugang
zur Wäscherei, Lager und Rudermaschine
gewählt. Dies ist sonst Ort der Fulbrast im
Hafen, wo alle Abfälle der Kombüse und Mannschaft abgelegt und nach Auslaufen über Bord
entsorgt werden. Bei längeren Hafenliege-
zeiten, wenn kein Platz mehr vorhanden oder
der Gestank zu groß ist, wird die Fuli vom
örtlichen Müllentsorger auf dem Landweg oder
per Schute abgeholt. Infolge der Umweltbewe-

gung führen Jahre später weltweite Abkommen
dazu, Müllverbrennungsanlagen auf Schiffsneu-
bauten zu installieren. In den siebziger
Jahren Zukunftsmusik, da wurden alle Abfälle
außenbords „entsorgt". Öl, Ladungsreste,
Essensreste jeglicher Art, Verpackungen,
Fäkalien, Bilgenwasser. Tankschiffe waschen
die Tanks aus, verklappen die Reste in die
offene See. Was auf See funktioniert, übernimmt bereitwillig die Industrie. Eine Flotte
von Schiffen versenkte Industrieabfälle,
Sondermüll jeder Art, egal ob radioaktiv oder
mit Säuren in den Randmeeren. Riesige
Ölteppiche trieben im Atlantik, Nord- und
Ostsee. Es werden noch Jahre vergehen, ehe
Vernunft die Oberhand gewinnt.

Die Vorbereitungen laufen auf Hochtouren,

5   10   15   20   25   30   35

morgen wird der Äquator passiert, willkommener Anlass für alle, den öden Seetagen
einen Feiertag einzuflechten. Eifrig werden
Gestelle, Vorrichtungen gebaut, wichtigster
Mann ist jetzt der Kabelgattmatrose, früher
als Schiffszimmermann bezeichnet. Ihm zur
Hand der Storekeeper, Klempner, Universal-
genie der Maschinengang, der in jeder möglichen Lage, bei Reparaturen, Defekten, bei
Ausfällen von Aggregaten seine Fähigkeiten
und Geschick abzurufen hat. Jeder an Bord hat
mehrere Aufgaben, kann somit fast überall
komplex eingesetzt werden. Dazu kommen die
Spezialisten, wie der Kabel-Ede und der
Storekeeper. Beide zimmern, schweißen schon
zwei Tage an den Konstruktionen, die morgen
den Täuflingen, die Neulinge an Bord, die den
Äquator noch nicht überquerten, wenig Spaß,

5   10   15   20   25   30   35

eher Angstzustände bereiten werden. Zur Gaudi
der restlichen Besatzung, willkommene
Abwechslung, arbeitsfrei, bis auf die Wachen
auf der Brücke und Maschine, danach ausgelas-
sene Feier am Abend bis tief in die Nacht.

Martin und Frank beobachten mit gemischten
Gefühlen diese Vorbereitungen. Sehen zu, wie
der Bootsmann persönlich die Heizung vom
Wäschetrockenraum hochfährt, bei über 45 Grad
Hitze im Schatten. Was das nur wird? Die
Stimmung nicht gefördert durch Sprüche wie
„Freut ihr euch schon auf morgen? Da können
wir mal so richtig die Sau rauslassen, da
wird euch das Grinsen schon vergehen." Den
liebelangen Tag solche Sprüche, sogar die
Stewardessen beim Mittagessen und Abendbrot
lächeln eigenartig, haben ein unerklärliches

Leuchten, Lachen in den Augen. Ihr „Na wie gehts, haut noch mal richtig rein" ist nicht unbedingt appetitfördernd.

Am nächsten Morgen, die Sonne knallt unerbittlich aufs Deck, der Stahl aufgeheizt wie ein Ofen. Frühstück fällt heute für die sechs Täuflinge aus. Geweckt mit dem Geschrei der Folterknechte aus Neptuns Gefolge, die Peitschen schwingen über den Köpfen der auf allen vieren kriechenden Delinquenten. Es geht über das glühend heiße Deck zum Achter-schiff in den Trockenraum der Wäscherei. Praktischerweise sind sie nur mit Badehose bekleidet, es wird heiß, schmierig, dreckig werden. Auf dem Weg dahin werden sie mit bunten Farben übergossen, die Peitschen sausen auf die sich windenden Körper,

»okvarianteamazonok«
© 2014 Michael Krausse

geflochten aus Sisaltauen, die Enden extra-
stark verknotet, Vorbild eine zwölfschwänzige
Katze, Zuchtwerkzeug des Mittelalters. Die
Rücken laufen rot an, Zähne werden zusammen
gebissen, ab und zu ein Wimmern. Heiße Luft
wie aus einer Sauna schlägt entgegen, hinter
ihnen kracht die Eisentür zu, im Nu sind alle
schweißnass. Atmen fällt bei über achtzig
Grad schwer. Der Ruf eines der Knechte beim
Verlassen der Gepeinigten: „Ihr werdet jetzt
erst mal gegart", lässt auf nichts Gutes
schließen. Die Zeit vergeht unendlich langsam. Während hier die Sekunden zäh vergehen,
frühstückt die fröhliche Neptungesellschaft,
labt sich an einem kühlen frischen Bier,
kommt nach und nach in Stimmung. Alle haben
sich verkleidet, die Knechte mit grauem
Stoff, Stricke wie Mönche als Gürtel

gebunden. Der zweite Ingenieur spielt hier
den Arzt, weißer Kittel, ein Pümpel vom
Storekeeper geliehen, dient als Stethoskop.
Sein Gehilfe ist mit Schrubber, Drahtbürste,
Zange ausgerüstet. Die Meerjungfrau, ein mit
ausgestopftem BH, blonder Perücke grell
geschminkter Matrose, steht neben Neptun.
Diese Rolle hat der Bootsmann übernommen, in
einem aus Netz gefertigten Mantel gehüllt,
rote Pluderhosen, langes Messer am Gürtel,
grasfarbenes Wams, Augenbinde, Dreizack in
der einen, Keule aus Holz in der anderen
Hand. Rot, grün, blau geschminkt, eine Kette
aus Muscheln um seinen Hals. Über zwei Stunden harren die Täuflinge schon in der Hitze
der Wäscherei. Zuerst wird die Bäckerin von
den Knechten mit lautem Gejohle geholt. Diese
Prozedur geht verhältnismäßig human vonstat-

»okvarianteamazonok«
© 2014 Michael Krausse

ten. Angeschnallt an eine Stehleiter, mit
hochgebundenen Händen, bekommt sie vom Arzt
eine Pille in den Mund gestopft. Spezialmi-
schung, höllisch scharf, Fischschwanzreste
vermengt mit undefinierbaren Essensresten.
Dann zum Friseur, wo sie ein paar Locken ver-
liert, nachdem sie kräftig mit Schmierseife
geschrubbt, auf einen kaum zu überwindenden
Parcours geschickt wird. Für sie als Frau
verkürzt, endet dieser im übelstinkenden
Fulifass mit den zwei Wochen in der Tropen-
hitze stehenden Küchenabfällen, die inzwischen zu blubbern angefangen haben. Da sie
sich weigert, allein einzusteigen, nehmen
zwei Knechte ihre Beine und stecken sie kurz
verkehrt herum, mit dem Kopf zuerst in das
Fass. Dann wird sie durch einen Lüfter-
schlauch gejagt, an beiden Enden C-Strahl-

»okvarianteamazonok«
© 2014 Michael Krausse

5   10   15   20   25   30   35

rohre mit vollem Strahl Seewasser auf sie
gerichtet. In der Mitte des Schlauches sammelt sich über mehrere Meter wie in einem
Tunnel das Wasser, nur tauchend überwindbar.
Am Ende nehmen sie zwei Knechte in Empfang,
stopfen sie mit dem Kopf zuerst in einen Kartoffelsack, schmeißen sie in hohem Bogen in
den gefluteten zwei Meter tiefen Pool. Zum
Glück hat ein barmherziger Neptungehilfe ihr
kurz vor dem unfreiwilligen Bad „Luft
anhalten" ins Ohr geflüstert. Mühsam ent-
steigt sie dem Sack, küsst Neptuns mit Labsal, eine Mischung aus Grafit, Teer, Firnis,
Pferdefett, eingeriebenen Fuß. Die Meerjungfrau raunt ihr „Plattfisch" zu, ihr neuer
Name für die Südhalbkugel, dann darf sie hul-
digst den Taufplatz verlassen.

»okvarianteamazonok«
© 2014 Michael Krausse

Für die männlichen Täuflinge wäre die „Platt-
fischtour" ein Urlaubstraum. Ab sofort verschärfte Bedingungen. Die Sonne brennt, der
reichlich konsumierte Alkohol lässt alle
Skrupel fallen. Diese Taufe wird nicht so
schnell vergessen sein. Früher hatte auch
jeder die Zähne zusammengebissen, kam man
recht und schlecht durch. Alle, mit Ausnahme
der Täuflinge, geben sich Mühe, dem ein-
drucksvoll gerecht zu werden.

Martin, Frank werden nacheinander aufgerufen,
landen beim Doc, nach der üblen Medizin und
Pille auf die Leiter gebunden, diese ist
jetzt waagerecht auf Böcken gelagert. Draht-
besen und Bürsten auf den Sprossen befestigt,
richten einige Blessuren und Striemen an, da
die Leiter heftig hin- und herbewegt wird.

»okvarianteamazonok«
© 2014 Michael Krausse

5   10   15   20   25   30   35

Beim Friseur bekommen beide den Hit des Tages frisiert. Das „Kreuz des Südens" entsteht, indem die Haarmähmaschine bis auf die Kopfhaut sich ein Kreuz in die Frisur frisst.

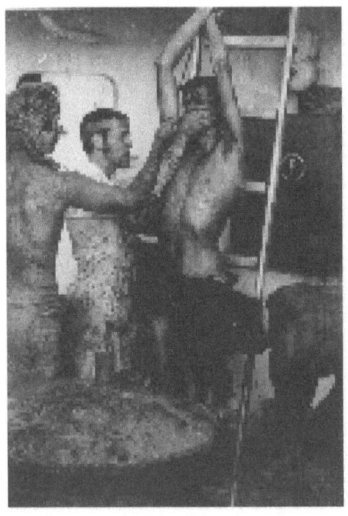

Äquatortaufe 1971, hart aber herzlich

5   10   15   20   25   30   35

Von vorne bis zum Genick und quer von Ohr zu
Ohr. Die aufwendig gepflegte Langhaarfrisur,
Geschichte. Die Knechte begleiten die Täuflinge von einer Station zur nächsten, die
Peitschen klatschen unaufhörlich auf die
geschundenen Rücken. Aus den Augenwinkeln
beobachten die vor ihnen laufenden Täuflinge
die Art und Weise der kommenden Folterstät-
ten, können sich so darauf einstellen, wie
diese für sie optimal passierbar wären. Doch
meistens kommt es anders als gedacht: Ohne
Vorwarnung werden sie kopfüber in das Fulifass gesteckt. Vor Schreck wird etwas stinkenden Brühe verschluckt, die Luft wird dünn.
Dann endlich werden sie wieder herausgezogen.
Darauf gleich kopfüber in den Kartoffelsack
gesteckt, Wurf in den Pool, zum Glück genug

5   10   15   20   25   30   35

Luft geholt, dann mühselig vom Sack befreit.
Die Peiniger sind aber schon wieder zur
Stelle. Beide werden unter Wasser gedrückt
bis die Luft fehlt, zwei Knechte setzen sich
auf den Rücken, fast ein dutzend Mal rauf und
runter. Die Kräfte schwinden, keine Pause,
dann ab in den Lüftersackkanal mit den zwei
C-Rohren, die mit voller Pulle in die Seiten
spritzen. In der Mitte, im mit Wasser voll-
gelaufenen Tunnel, setzen sich wieder die
gemeinen Knechte auf die wildstrampelnden
Täuflinge, denen schwarz vor Augen wird. Mit
einem Tritt in den Allerwertesten zum Leben
erwacht, plumpsen sie entkräftet auf das
heiße Deck. Über ihnen ergießt sich ein Teil
der Fulitonne, Peitschenschläge, der Gestank,
bleibt nur die Flucht und Sprung in den Pool.
Tief Luftholen, gnädigerweise lässt Neptun

»okvarianteamazonok«
© 2014 Michael Krausse

Gnade walten, sein Zeichen vertreibt die
Peiniger. Die Meerjungfrau flüstert Martin
„Knurrhahn", Frank „Sprotte" ins Ohr.
Geschafft! „Dein Name?", brüllt es neben
ihnen. Der Bootsmann, bunt bemalt, eine
Kladde für den Taufschein in der Hand, grinst
hinterhältig. „Knurrhahn", Martin hat glücklicherweise diesen behalten, ein Tritt und er
hat es geschafft. Wehe aber Frank, vor Aufregung hat er seinen neuen Namen „Sprotte"
vergessen. „Wie ist dein Name, zum allerletz-
ten Mal?" Frank, dem Pechvogel, ist „Sprotte"
entfallen. Ihm schlottern beim Gejohle der
Neptunbande die Knie. Unter Pfeifen, Peit-
schenknallen, Tritten muss er die Runde der
Pein wiederholen. Mehr gehoben und geschoben
durch den Kanal, rausgefischt aus dem Pool,
flüstert er „Sprotte, Sprotte, Sprotte",

dreimal, sicher ist sicher. Erschöpft
schleicht er von Deck. Martin, unter der
Dusche stehend, die hartnäckigen Spuren vom
Labsal schrubbend, erkennt ihn kaum wieder.
Als sie sich nach einer Weile im Spiegel
sehen, trauen sie den Augen nicht, fangen an
zu prusten und zu lachen. Das „Kreuz des
Südens", da hilft nur Glatze schneiden, dann
aber los, ab zur Party.

Im nächsten Hafen, in Malaysia, werden sie
mit ihren drei Millimeter Igel-Schnitt für
Russen gehalten, sogar russisch angesprochen,
gibt schlimmeres.

- Das erste Mal-
 Auf der Reeperbahn

Endlich, die Zeit auf dem Lehrschiff,
Geschichte. Gemustert auf einem richtigen,
weltweit fahrenden Frachter, ein irres
Gefühl, angekommen am Ziel der Träume der
letzten Jahre.

Frank, Martin, Matze und Klaus, die ein-
geschworene Gruppe hatte sich auf dem Lehrschiff kennengelernt, gemeinsam die Mühsal
des Umzugs in die Blechklasse, die Strapazen
dort ertragen. Erlebnisse, Landgänge haben
zusammengeschweißt, keine Frage, wenn möglich
als Kleeblatt auf dem Frachter die Welt
beschnuppern, es hat geklappt.

5   10   15   20   25   30   35

Hamburg Sankt-Pauli, Reeperbahn, die „Sündigste Meile der Welt", eine Anziehungskraft
für junge Männer, die auf der Suche sind,
wissbegierig. Wie schaut es da aus, nie eine
Striptease-Bar, Eros-Center von innen
gesehen. Gehört schon, gelesen vieles. Aber
das Original und vor Ort. Schnell sind sich
alle einig, das sollten wir wenigstens mal
erlebt haben. An Bord werden sie vor Abzocke,
Nepp gewarnt: „Da gehen nur die Touris und
Bekloppte hin, wenn ihr jemanden aufreißen
wollt, dann da wo die Hamburger auch hin-
gehen."

Die Neugier siegt, auf zur „Reeperbahn",
bringt Erleuchtung, aber dann mehr Ernüchterung, nachdem sie die „Herbertstaße", „Große
Freiheit" mit den Shows abgelaufen hatten. Ja

»okvarianteamazonok«
© 2014 Michael Krausse

5   10   15   20   25   30   35

die Mädchen im Eros-Center sehen verdammt
scharf aus, doch die Betriebsamkeit, die
Hektik, dieser Verkauf von Zärtlichkeit unter
Zeitlimit schreckt eher ab, steht im Wider-
spruch zu den romantischen Vorstellungen der
Jungmänner. Zu Hause wurden die ersten nötigen Erfahrungen gesammelt, beim Tanz, danach
im Freibad oder Scheune auf Erkundungssuche,
Probeläufe für Erfolg, hat man Schlag bei den
Mädchen, wenn die Eltern nicht daheim, auf
der Couch der Praxistest.

Meist mit Aufregung verbunden, dankbar, wer
da auf Erfahrung gestoßen, die frühreiferen
Mädchen waren gerne begierige Lehrerinnen.
Feste Beziehungen und mehr hatte aber keiner
im Auge. Erst dieser Job, die Welt erfahren,
Karriere. Familienplanung steht da weit

hinten auf der Agenda.

Jetzt und hier nur Sex, Sex in jeder möglichen Form, Sex als Handelsware. Keine
Zuneigung, Zärtlichkeit, Wärme, nur Illu-
sionen vermeintlicher Liebe. Junge Frauen
stehen lächelnd, aufreizend gekleidet vor
Boxen mit einem Bett, bieten sich und einen
Katalog von Dienstleistungen laut Preisliste
an. Fragen: „Wie lange? Shorttime, zwanzig
Minuten, halbe oder Stunde?" Über allen
schwebt eine Kälte, Betriebsamkeit, rascher
Profit. Das haben die Jungs sofort erkannt,
die Optik stimmt, regt an, der Handel mit dem
Drumherum schreckt ab. Bald sind sie sich
einig, zurück aufs Schiff. Als Highlight ein
Abstecher zu „planten un blomen", die grüne
Lunge Hamburgs mit Wasserorgel. An der Bar-

5   10   15   20   25   30   35

kasse verabschiedet sich Frank vom Rest, die
Neugier, Trieb doch zu groß. Heute ist der
Tag, eine Frau, jetzt. Die anderen zucken die
Schultern. „Viel Spaß, pass auf dich auf",
rufen sie ihm zu. Frank ist eilig um die
nächste Ecke gelaufen, nicht dass ihn die
anderen zurückhalten, ihm das Abenteuer aus-
reden.

Frank zählt seine Barschaft, einhundertfünfzig Mark, gedacht als Grundstock für einen
Recorder. Jetzt egal, Ziel ist ausgemacht.
Die Bars sind ihm zu unübersichtlich, Eros-
Center wieder zu offen und direkt. Er sucht
etwas Romantik, eine Frau, die mit ihm Spaß
hat, zuhört, Nähe, Zärtlichkeit, sich Zeit
nimmt. Die Schaufenster der „Herbertstraße",
diese Zurschaustellung, nein, schnell weg

5   10   15   20   25   30   35

hier. Er hört Lachen aus einer Filmbar. Auf
dem Schild am Eingang: „Bier nur zehn DM".
Ein Bier macht locker, entspannt, er setzt
sich an die Seite auf eine freie Bank. Kaum
sitzt er, kommt eine junge Frau: „Hallo, bin
die Nicole, ein Bierchen?" Er nickt, kurz
darauf serviert sie ihm, fragt lächelnd,
schaut verführerisch, Schmollmund: „ Ein Pic-
colo für mich?" Sie sieht super aus, gefällt
ihm sofort, ist nicht so grell geschminkt wie
die Mädchen draußen an der Straße, im Eros-
Center, in der „Herbertstraße". Innerlich
ruft eine Stimme: „Frag nach dem Preis, lass
dich nicht abzocken!" „Ja bitte", ein Kloß im
Hals, merkt, wie er langsam rot wird, zum
Glück ist wenig Licht in der Bar. Sie bringt
das Bier, sagt lächelnd: „Bekomme ich erst
mal sechzig Mark." Er ist jetzt eher blass

geworden, lässt sich aber nichts anmerken,
zahlt. Sie setzt sich, nachdem sie beim Wirt
abgerechnet, neben ihn. Im Kopf überschlägt
er die verbliebenen Finanzen. Hat für ein
Abenteuer nur neunzig Mark, Fahrgeld für
zurück abgezogen, wird knapp für ein Schäferstündchen. Verstohlen mustert er seine Nach-
barin, was wird sie nehmen oder animiert sie
nur?

„Wie darf ich dich ansprechen, bist du öfters
hier?“ Ihre Frage verneint er, nennt sich
„Werner“. Er will mehr von ihr wissen, was
sie hier treibt, wann sie Feierabend macht,
ob sie dann nach Hause fährt oder anderes
vorhat. „Kommt darauf an, ziemlich neugierig.
Bist doch nicht nur zum Biertrinken hier,
oder? Wir können hinten noch was Schönes

»okvarianteamazonok«
© 2014 Michael Krausse

5   10   15   20   25   30   35

machen, hast du Lust?" Mit dem schnellen Vor-
schlag hat Frank nicht gerechnet, wird aber
mit seiner Frage konkret: „Was verstehst du
darunter und finanziell, wie teuer?". Sie
kommt gleich zur Sache: „Verkehr mit Kondom,
französisch, zwanzig Minuten für fünfzig,
halbe Stunde siebzig, Stunde hundert Mark. Du
wirst es nicht bereuen mein Schatz." Wie beiläufig streichelt sich ihre Hand an seinem
Schenkel empor, verweilt im Schritt. Er über-
legt nicht lange, die sofort einsetzende
Erregung benebelt ihn, er sieht sich schon in
Gedanken mit ihr, in einem großen Bett,
Wunschträume der letzten Tage, Wochen, endlich real? „Ok, halbe Stunde geht in Ordnung." Er haucht es mehr, hat es eilig, mit
ihr alleine zu sein, um seine Phantasien,
Wünsche, Sehnsüchte umzusetzen. Sie läuft

vorne, an der Bar vorbei, nimmt sich von
einem Brett den letzten Zimmerschlüssel,
flüstert dem Wirt etwas zu, dann durch eine
unscheinbare Tür. Er folgt über einen kurzen
Gang mit drei Zimmertüren, fortlaufend numme-
riert. Nummer zwei unbesetzt, durch die anderen Türen hört man leises Gelächter. Das
Zimmer, eher eine Kammer, nur mit einer Liege
mit mehreren Kissen, Stuhl, Kleiderständer
als Mobiliar versehen. An der Längswand
schaut man in einen schmalen, liegenhohen,
liegenlangen Spiegel. Auf der anderen Seite
ist ein Waschbecken mit einem Sideboard,
darauf eine Küchenrolle als Handtuchersatz.
Frank, vor Verlegenheit stumm, nervös, wie
vor einer Prüfung, unerfahren, unschlüssig,
wie weiter? „Kannst dich da frisch machen",
sie zeigt auf ein Waschbecken, schaut auf die

»okvarianteamazonok«
© 2014 Michael Krausse

5   10   15   20   25   30   35

Wanduhr, dreht sich rum, zieht sich langsam
aus. Er zum Kleiderständer, entkleidet sich
ebenfalls bis auf die Socken. Kurze Genital-
wäsche am Waschbecken, er legt sich seitlich
auf die Liege, schaut zu, wie sie sich wäscht
und lächelnd zu ihm heranrutscht, sofort nach
seinem Glied greift und massiert. Zu schnell,
zu direkt für ihn, ohne Romantik. So kann er
nicht reagieren, benötigt eine Annäherungs-
phase, möchte sie gerne streicheln, küssen,
intim berühren, wie bei seinen Freundinnen zu
Hause erfolgreich probiert. „Küssen auf den
Mund und fummeln ist nicht, kostet extra.
Warst wohl noch nie im Puff?" Es trifft ihn
wie eine kalte Dusche, die wieder einsetzende
Erregung, wie weggeblasen. Alle Phantasien
eines wilden, leidenschaftlichen Liebesduetts
zerstoben restlich bei: „Wir haben nicht ewig

»okvarianteamazonok«
© 2014 Michael Krausse

Zeit, noch zehn Minuten. Willst du verlän-
gern? Kostet dann dreißig Mark für zehn Minuten". Jetzt absoluter Filmriss, schon pleite,
Finanzen reichen für die Barkasse zurück, die
Zeit rennt, bisher nur leere Worte. Er fühlt
sich geleimt, abgezockt, völlig deprimiert,
zu absolut keiner Reaktion mehr fähig. „Hi
Werner, was ist, kannst du nicht? Zeit ist
gleich rum, das wars dann wohl?" Es kommt ihm
vor, als verhöhne sie ihn. Schon ist sie
angezogen. „Kannst dich frisch machen, zieh
die Tür dann hinter dir zu, trink doch vorne
noch ein Bier oder Schnaps, können dann ja
noch einen Versuch wagen, dann klappt´s
bestimmt." Mit ihrem Schmollmund lächelnd,
verschwindet sie in der Bar. Frank, wie
betäubt, kann nicht mehr klar denken, zieht
sich mechanisch an, im Spiegel über dem

Waschbecken, ein blasses, fahles Gesicht. Ihm
ist flau im Magen, er holt tief Luft, wütend
über sich selbst verlässt er das Zimmer,
rennt fast durch die Bar, nur raus hier. Aus
dem Augenwinkel sieht er Nicole, sie hat
schon ein neues Opfer gefunden, lächelt mit
ihrem Schmollmund, winkt ihm kurz, wie zum
Hohn, hinterher.

- Ladungsbrand mitten auf dem Atlantik-

Südamerikareisen vergehen mit einer Dauer von
drei Monaten relativ schnell. Gegenüber einer
Asienreise, die meist um sechs, sich aber
über acht, neun lange Monate ziehen kann. Die
Wege sind wesentlich kürzer, in einer Woche

über den Atlantik, entladen in Mexiko, Karibik, Brasilien, dort meist zuladen, über
Ladehäfen in Uruguay, Argentinien wieder nach
Antwerpen, Rotterdam, Hamburg und andere
deutsche Häfen zurück. Je nach Ladung und
Angebot mal mit kleineren Abweichungen, wie
jetzt, wo vor der Rückfahrt nur in einem
Hafen in Südbrasilien der gesamte Frachter
mit Schüttgut beladen wird.

Die Decks-Crew bereitet die Luken für die
Ladung vor. Sojaschrot, aus Soja gepresstes
Futtermittel, wird als Schüttgut beladen.
Vorher werden die Luken von Laderesten gerei-
nigt, alle Bilgendeckel zusätzlich mit Sack-
leinen abgedichtet, um ein Verstopfen der
Bilgen zu verhindern. Durch Schwitzwasser
fällt in den Luken permanent Wasser an, wel-

5   10   15   20   25   30   35

ches über seitliche Kanäle in die Bilgen
geleitet, dort regelmäßig über ein Pumpsystem
abgelenkt wird. Daher ist eine tägliche Pei-
lung der Wasserstände der Bilgen üblich. In
tropischen Gebieten steigt das Bilgenwasser
der Luken, je nach Ladung, schneller an.

Es ist schwülheiß, die Schweißtücher um die
Stirn sind schnell durchtränkt. Die Gedanken
der meisten weilen noch in Santos, dem letzten Löschhafen. Santos, der Hafen für die
Mega-City Sao Paulo, ist beliebt bei der
Besatzung. Unweit der Liegeplätze der Schiffe
befindet sich die Vergnügungsmeile mit einer
Unmenge an Bars, Tanzlokalen, Diskos, Liebes-
tempeln. Am Abend verlustiert sich fast die
gesamte Besatzung mit den rassigen, dunkel-
haarigen Frauen, die abwechselnd auf dem

Tresen tanzend animieren, wenn dann aus-
erwählt, in den hinteren Zimmern für ein
Schäferstündchen verschwinden.

In dem kleinen Ladehafen in Südbrasilien
fahren mit Sojaschrot beladene LKW direkt vor
das Schiff. Ein großes Förderband steht über
der ersten Luke. LKW für LKW kippt seine
Fracht in einen Trichter, weiter über das
Band gelangt das zermahlene, braune Sojaschrot in die Luke. Erst bildet sich eine
kleine Pyramide, die zusehends größer wird,
immer weiter anwächst. Der wachhabende Ladeoffizier steigt regelmäßig zur Pier herab, um
die Lademarken an der landseitigen Bordwand
abzulesen. Das Vorschiff liegt durch die
stetig geschüttete Ladung tiefer im Wasser
als der Rest des Schiffes. Die Beladung wird

unterbrochen, um das Förderband zur Luke vier
umzusetzen. Dann wird in das Mittelschiff
geschüttet, bis das Schiff wieder im Lot
liegt. Die Pause für die letzte Luke fünf
wird länger, da die Aufbauten des Frachters
ein Umsetzen des Bandes behindern, das
Förderband an Land nach achtern, hinter die
Aufbauten verholt wird. Alle Ladeluken,
inzwischen teilweise beladen, bleiben
geöffnet, damit das Ladeband kurzfristig von
Luke zu Luke umgesetzt werden kann. Die Zeit
der Umsetzung für das Förderband nutzt die
Ladewache für eine kurze Trinkpause, sucht
dafür das Ladebüro auf. Hier steht gekühlte
Kujambel, eine aus Sirup und Hagebuttentee
gemixte Limonade mit Eiswürfeln. Bei der
Gelegenheit schnell eine Zigarette anstecken
und dann wieder nach draußen. Innerhalb von

Minuten hat sich der Himmel verfinstert. Böen
treiben die ersten Regentropfen heran, ein
Platzregen prasselt auf das Schiff, in die
offenen Luken, auf das Sojaschrot. Die Gangwaywache informiert den Ladeoffizier mit
seinem Wachmatrosen über das plötzliche
Unwetter. Fluchend laufen diese zu den
Bedienpulten der Hy-draulikpumpen, die die
schweren Deckel über die Lukenöffnungen
rollen. Jede Luke hat nur ein Bedienpult,
obwohl Hilfe durch Bootsmann und Kabel-Ede
herbeieilt, dauert es einige Minuten bis alle
Luken geschlossen, die Ladung vor den Wasser-
massen geschützt wird. Schnell wie das
Unwetter aufgezogen, ist es verzogen. Die
Sonne kommt hervor, es wird weiter geladen.
Ab sofort ist nur die zu beladene Luke
geöffnet, um eine Wiederholung, ein wieder-

holtes Durchnässen vom Sojaschrot, unbedingt zu vermeiden.

Nach zwei Wochen ist das Schiff, bis zur Lademarke abgeladen, auslaufbereit. Die Behörden geben den Frachter frei, der Lotse assistiert den Nautikern bis zur Reede. Verabschiedet sich winkend, angelt vorher mit obligatorischem Lotsengriff die doppelte Menge Zigaretten aus der Schachtel, steigt die Lotsenleiter herab zum wendigen, gelbfarbenen „Pilot-Boot", schnell wie ein Zirkusartist, grüßt nochmals hoch zur Brücke. Die Motoren brüllen auf, kurz darauf verschwindet die weiße Schleppe des emporgewirbelten Wasserschleiers am Horizont.

Die Decks-Gang reinigt mit C-Schläuchen die

5   10   15   20   25   30   35

Außenbereiche, Lukendeckel, Aufbauten, Gänge,
Rettungsboote, Windenhäuser und alle Decks.
Das nötige Meerwasser wird mit Pumpen aus der
See angesaugt über ein Leitungssystem zu den
in Schlauchlänge entfernten Hydranten
gepumpt. Durch die Ladearbeiten mit Schüttgut
ist das gesamte Schiff mit einem braunen
Schleier feinsten Sojaschrotes paniert, auf
den Decks mehrere Zentimeter dick. Wieder-
holte Sprühdurchgänge sind notwendig, um das
Schiff vom Dreck zu befreien. Als die offene
See erreicht ist, werden alle Rückstände wie
verdrecktes Stauholz, Papier, Paletten, die
nicht mehr benötigt werden, außenbords
geworfen. Ebenfalls die Fulbrast, in Tonnen
gesammelte Küchenabfälle, leere Flaschen,
Plastik-Behälter, Kartons, alles was sich im
Hafen angesammelt hat. Vieles wird an den

Stränden der Anliegerstaaten angespült, ent-
standener Plastikmüll landet zerkleinert in
den Mägen der Meeresbewohner. In diesen
Zeiten kein Thema, Umweltschutz unbekannt,
uninteressant.

Vollbeladen wird der Seetörn, die Nonstop-
Überfahrt von Südamerika nach Rotterdam, je
nach Wetterlage mit ca. zehn Seetagen veran-
schlagt. Am zweiten Tag steigt aus der unteren vierten Ladeluke ein Geruch, ähnlich
Kaffeerösterei auf. Der Chief Mate inspiziert
den Unterraum der betroffenen Luke, nimmt
dann die Lukenlüftungsanlage in Betrieb. Tag
und Nacht, zwei Tage Dauerbetrieb. Der Geruch
wechselt nach drei Tagen in Gestank einer
verbrannten Müllkippe. Rauch quillt aus den
Lüfterköpfen, die Ladung hat sich entzündet,

brennt, ein Schwelbrand, der sich langsam
ausbreitet. Die Temperaturfühler im Laderaum
vier registrieren einen stetigen Temperatur-
anstieg, sichtbar auf dem Tableau der Brand-
meldezentrale im hinteren Teil der Kommandobrücke. Darauf sind sichtbar alle Schiffs-
bereiche wie Maschine, Unterkünfte, Lager,
Ladeluken dargestellt, permanent durch
Thermomelder kontrolliert. Im Laderaum vier
steigt die Temperatur, mitten auf dem Ozean,
Brand auf einem Schiff, Horrorszenario für
jede Besatzung. Die Schiffsführung hat sich
im Kartenraum, hinter den Kontrollpulten der
Kommandobrücke versammelt. Die Stimmung
äußerst angespannt, keiner der erfahrenen
Seemänner war je in solch einer prekären
Gefahrensituation. „Umgehend alle Lüfter aus,
sie fachen doch den Brand erst richtig an,

»okvarianteamazonok«
© 2014 Michael Krausse

was hat sie denn nur geritten?", faucht der
Kapitän den Chief-Mate an, der umgehend einen
Wachmann damit beauftragt, diese abzustellen.
„Konnte man doch nicht ahnen, hab nicht
gewusst, dass die die Ladung im Hafen nass
geworden ist", stammelt der Chief-Mate.

Nach und nach ist der Verlauf der Entstehung
des Schwelbrandes erklär- und nachvollzieh-
bar. Gleich am ersten Tag der Beladung hatte
ein in diesen Breiten typischer tropischer
Wolkenbruch die zur Ladekontrolle eingesetz-
ten Besatzungsmitglieder überrascht. Trotz
schneller Hilfe wurden die Lukendeckel zu
langsam geschlossen, Luke vier zuletzt, der
halbvolle Unterraum mit vielen Tonnen Sojaschrot, mehrere Meter tief durchnässt. Durch
den Druck der darüber lagernden weiteren hun-

derten Tonnen entstand Wärme, Hitze, Glut.
Der anfängliche „Kaffeeröstereigeruch", durch
die zusätzliche Laderaumbelüftung angefacht,
hat sich weiter zum Schwelbrand entwickelt.

„Ok, schlage den Einsatz von CO_2 vor, viel-
leicht können wir den Brand ersticken. Die
CO_2-Anlage ist zwar für einen Maschinenbrand
angedacht, aber in diesem Falle eine
Option.", meldet sich der Sicherheitsoffizier
zu Wort. Er findet bei der Maschinenbesatzung
keine Zustimmung. Alle Gasflaschen mit CO_2
werden für einen möglichen Maschinenbrand in
Reserve gehalten. In dem großen Laderaum
würde es sich ohne Wirkung verflüchtigen
durch eine Unmenge von undichten Stellen,
Rohren, Lüftern und Lukenabdeckungen. Die
Maschine ist bei einem Brand fast hermetisch

abgedichtet, eine Ladeluke nur gegen eindrin-
gendes Wasser, so dass ausströmendes Gas
ungehindert entweicht.

Stetig steigt die Temperatur, der höchste
Punkt der Anzeige ist erreicht, der Schwelbrand vergrößert sich von Tag zu Tag, Rauch
steigt aus der Luke auf, das Schiff stinkt
nach brennender Müllkippe. Über dem Brand
liegt der Oberraum der Luke, ebenfalls mit
Sojaschrot gefüllt. Ein Übergreifen des
Schwelbrandes aus dem Unterraum auf den
oberen Laderaum, ein offenes Feuer wäre die
Folge. Getrennt nach außen nur durch die
Lukenabdeckung, oben wesentlich mehr Sauer-
stoff, der Brand würde sich enorm beschleunigen. Die Schiffsführung greift zur letzt-
möglichen verfügbaren Löschaktion. Durch die

»okvarianteamazonok«
© 2014 Michael Krausse

Lukeneinstiege werden mehrere Schläuche ver-
legt, Löschwasser in den Unterraum der Luke
vier geleitet, von verschiedenen Seiten mit
Sprühstrahl auf den Berg mit Sojaschrot
gerichtet, um das Glutnest im Inneren zu
löschen. Die Männer des Löschtrupps haben
Atemgeräte angelegt, werden regelmäßig
abgelöst. Die Hitze vor Ort in der Tiefe des
unteren Laderaumes ist fast unerträglich. Es
vergehen Tage ohne Ergebnis, das überschüs-
sige Löschwasser wird über vier Lukenbilgen
abgepumpt. Der Qualm quillt immer stärker aus
den verschlossenen Lüfterschächten, den
Luken, den Einstiegen.

Der achte Tag, die Besatzung fühlt sich wie
auf einem Pulverfass, das Schiff fährt mit
voller Kraft, der Maschinentelegraf ist bis

zum Anschlag gebracht. Zeit sparen, herausfahren, schneller als geplant in Rotterdam ankommen!

Über die Agentur ist die Feuerwehr informiert, es wird gerechnet und gegrübelt, Notfallpläne werden entworfen. Zum Glück spielt das Wetter mit, kein Sturm, der sich dem brennenden Schiff entgegenstellt. Die Hitze des Schwelbrandes ist an der Außenhaut des Frachters sichtbar. Ein großer schwarzer Fleck abgebrannter Farbe, untrügliches Zeichen enormer Hitzeentwicklung, frisst sich in Richtung Achterschiff vor. In zehn Meter Entfernung befinden sich die Treibstofftanks der Hauptmaschine. Werden diese erreicht, wäre eine Explosion die Folge, ein schneller Untergang real. Schiffsbrand auf hoher See,

keiner wagt es auszusprechen: „Eine schwimmende Zeitbombe"!

Ununterbrochen wird die Entwicklung an Bord
beobachtet, an die Reederei weitergegeben.
Diese hat, mit Hilfe der Botschaft in Kontakt
mit englischen, niederländischen Behörden,
für den Ernstfall Helikopter der jeweiligen
zuständigen Länder für eine Notfallbergung
angefordert.Der neunte Tag, der schwarze
Fleck an der Außenhaut hat sich zwei Meter
weiter nach achtern gefressen. Ernste, ange-
spannte Lage, doch erste Zuversicht. Morgen
Rotterdam, bevor die Glut die Tanks erreicht.
Die nächsten Stunden vergehen zäh, langsam,
die Anspannung zum Greifen nah, keiner legt
sich schlafen.

Endlich, am Morgen des zehnten Tages kommt
der Lotse vor Rotterdam an Bord. Die Stunden
der Revierfahrt zum Hafen wollen nicht vergehen. Die Außenhaut dampft durch die Glut-
hitze des Brandes in Höhe der gegenschlag-
enden Wellen. Der Stahl glüht, die Hitze
frisst sich immer schneller voran. Es wird
Zeit!

Vorbei an den Tankanlagen von Europort
steuert das brennende Schiff einen abseits-
liegenden, sicheren Hafen an. An der Pier
wartet schon ein mit feuerfesten Brandschutz-
anzügen und Sonderwerkzeugen ausgerüsteter
Spezialtrupp. Innerhalb weniger Stunden ist
die Luke vom Brandherd befreit.

Nachdem die Restladung gelöscht, geht es nach

einem kurzen Check in der Werft wieder auf
„Große Fahrt".

- Indien-

Eine andere Welt

Betörende Gerüche, bezaubernde Gesänge,
Erinnerungen an 1001-Nacht, Märchenfilme,
zärtliche Liebesgeschichten aus dem Orient.

Die harte Realität - nichts für empfindliche
Gemüter.

5   10   15   20   25   30   35

Am frühen Morgen, die Reede vor Kochi
erreicht, der Anker gefallen. Land, ländliche
Umgebung in mehreren Kilometern Entfernung zu
erkennen. Hier wird Kopra, getrocknetes
Fruchtfleisch der Kokosnuss, als Schüttgut
geladen. Die Beladung ist ab Nachmittag
geplant, die Mittagshitze abgeklungen, das
Arbeiten an Deck dann erträglicher. Nur kurz,
nachdem der Lotse von Bord, haben die
Behörden die Freigabe erteilt. Wie in diesen
Breiten üblich, gekommen mit flachen,
zusammengerollten Aktentaschen, verlassen sie
das Schiff mit schwerer Last. In beiden
Händen je eine, nur mühsam verschlossene
Tasche mit Zigaretten, Whisky prall gefüllt.
International gängige Praxis der gekauften

»okvarianteamazonok«
© 2014 Michael Krausse

Freigabe zur Vermeidung von behördlichen
Auflagen und Kontrollen. Wer nicht mitspielt,
den Obolus verweigert, hat mit Zollfahndung,
unerwartet langen Liegezeiten, Schikanen
jeglicher Art zu rechnen. Für die Zöllner ein
Nebenerwerb, die Ware wird meistens an Bars
weiterverkauft.

Am späten Nachmittag, die Hitze hat
nachgelassen, ein angenehmer Seewind bringt
Linderung, setzt sich ein kleiner Schlepper
mit sechs mit Kopra vollbeladenen Schuten am
Schlepphaken vom Ladehafen aus in Richtung
Schiff in Bewegung. Diese sind voll
abgeladen, über der kaum sichtbaren Lademarke
hinaus, bedrohlich tief im Wasser liegend.
Langsam nähert sich der Konvoi dem Schiff.

5   10   15   20   25   30   35

Auf den Bergen von Säcken der schon
überladenen Schuten sitzen außerdem die
Schauerleute, Hafenarbeiter der ersten
Schicht zum Beladen des Frachters. Dazu
kommen Vorarbeiter, Kranführer,
Bedienpersonal für das Ladegeschirr, Köche
mit Kochkessel für den täglichen Reis mit
Curry sowie Ausrüstung und Heizmaterial. Die
meisten von ihnen bleiben bis zum Auslaufen
an Bord.

Von dieser Ladung überladen, schwanken,
wanken die Schuten des Verbandes bedrohlich
in der Dünung, verschärft durch die
menschliche Fracht und Ausrüstung. Der
Kapitän des Konvois hat die Geschwindigkeit
seines Verbandes falsch eingeschätzt, sieht

daher keine Möglichkeit mehr, rechtzeitig
diesen abzustoppen. Trotz eines verzweifelten
Versuches, mit einer kurzen, zusätzlichen
Kurve eine Kollision mit dem Frachter zu
vermeiden, schaukelt sich durch dieses
Manöver am Ende des Lastzuges die
Geschwindigkeit auf. Bildlich vorstellbar,
als ob mehrere zusammengeknotete Schlitten im
Winter einen Berg herabfahren, die am Ende
der Schlange rodelnden Schlitten ab einer
gewissen Geschwindigkeit zu schleudern
beginnen.

So ergeht es den letzten beiden Schuten,
durch die Kurve aufgeschaukelt, schwappt
Wasser längsseits in den Laderaum, in
Sekundenschnelle bekommt die letzte Schute

Schlagseite, geht vor aller Augen unter. Die
vorletzte Transportschute ist ebenfalls fast
vollgelaufen, wird durch das Schleppseil mit
in die Tiefe gerissen. Eine Kettenreaktion
bahnt sich an, nur gestoppt durch das
schnelle Handeln eines der Köche auf der
dritten Schute, der mit einer Axt das
Verbindungstau kappt. Lähmende Stille, dann
Geschrei, wildes Gefuchtel, der unter Schock
stehenden einheimischen Zuschauer auf dem
Frachter. Einige der Ankömmlinge waren
rechtzeitig vor Untergang der letzten Schuten
über Bord gesprungen, klettern erschöpft über
die außenbordhängende Gangway an Bord. Da wo
eben sichtbar zwei vollbeladene
Ladungsschuten schwammen, steigen Blasen auf,
bilden sich Kreise auf dem Wasser, Leere,

Nichts. Die Stahlbehälter samt Ladung sind
mit Mann und Maus im Meer versunken. Wie
hypnotisiert starren die Überlebenden auf das
Wasser, warten auf das Auftauchen der
Kameraden, Kollegen, Freunde. Die Sekunden,
Minuten vergehen, außer Blasen steigt nichts
auf, Wehklagen, Gejammer, lautes Geschrei
setzt ein, wird nach fünf Minuten leiser,
erlischt dann allmählich.

Einer der überlebenden Vorarbeiter informiert
per Funk den Hafen, nach zwei Stunden
erreicht ein zweiter Konvoi das Schiff,
ebenfalls überladen, voll besetzt mit
Arbeitern. Nach kurzem Austausch über das
Geschehene setzen die Ladearbeiten zwei
Stunden später wieder ein; das Unglück ist

vergessen.

An Bord errichten die Einheimischen am Heck
des Schiffes eine Bordküche, kochen Reis,
brühen Tee für die Pausen. In diesen liegen
die Arbeiter auf mitgebrachten Schilfmatten,
kauen Betel, spucken ab und zu die zerkauten
Reste an Deck. Zum Unwillen des Bootsmannes
sind die daraus entstandenen roten Flecke
sofort in der Farbe eingezogen, nur
übermalbar oder nur mit einem Rosthammer zu
entfernen. Achtern, neben dem Flaggenstock
wird ein nach außen hängendes Klosett
montiert, bestehend aus einem Brett, an
Stricken befestigt, drapiert mit Stoff als
Sichtschutz.

»okvarianteamazonok«
© 2014 Michael Krausse

Die Tage vergehen, die Ladearbeiten ziehen
sich über zwei Wochen hin. Aus den Schuten
werden Säcke mit Kopra mit Hilfe des
Ladegeschirrs, des Bordkrans an die
Lukenkante gehievt, dort mit Messern die
Jutesäcke geöffnet, in den Laderaum
geschüttet, in die Ecken per Hand verteilt.
Die Schuten werden zurück an Land bugsiert,
die Säcke gefüllt, vernäht, an Bord
verschifft, der Kreislauf wiederholt sich.

Die eindringlichen Bitten des Bootsmannes an
die Vorarbeiter, die einheimischen
Ladearbeiter zu bewegen, bereitgestellte
Spucknäpfe für die ausgekauten Betelreste zu
nutzen, werden geflissentlich ignoriert. Eher
macht es den Einheimischen regelrechten Spaß

»okvarianteamazonok«
© 2014 Michael Krausse

5   10   15   20   25   30   35

zu provozieren. Es wird verstärkt gespuckt,
geault, was an Betel zur Verfügung steht.
Nicht nur an Deck die widerlichen roten
Flecken, sichtbar am Schanzkleid, sogar im
Weiß der Aufbauten. Was gibt es für sie sonst
an Abwechslung? Er hat aufgegeben zu betteln,
auf Einsicht zu hoffen, führt seinen,
kleinen, Privatkrieg, sinnt auf Rache, wider
der Ignoranz. Eine Flasche Brandy, Kasten
Bier täten Wunder, Freundschaften könnten so
entstehen. Ein norddeutscher Dickschädel
wandelt auf seinen eigenen Wegen, bleibt
stur.

Am kommenden Tag liegt er hinter dem
Schornstein, Blick zum Achterschiff, den
Abtritt der Ladearbeiter im Visier. Zur

Reinigung nach einem Toilettengang wird eine
Büchse Wasser verwendet, nicht Papier wie in
unseren Breiten üblich. In diesen Gefilden
unbekannt, zu teuer. Etwas Wasser über die
Rosette geschickt verteilt, Inhalt der Büchse
ist ausreichend zur Fingerwäsche danach,
Toilettengang dann beendet. So der
beobachtete Ablauf der letzten Tage. Heute
hat der Bootsmann unbemerkt das Wasser mit
Spiritusverdünnung ausgetauscht. Er beißt
sich auf die Lippen, gluckst, prustet,
schlägt mit den Fäusten aufs Deck, kugelt
sich vor Lachen, kann kaum an sich halten.
Sein erstes Opfer tanzt im Kreis an Deck,
reibt sich verzweifelt seinen Hintern, rennt
die Gangway hinab, sein Sprung, eine Fontäne
im Wasser bildend. Dort schrubbt und rubbelt

5   10   15   20   25   30   35

er intensiv die brennende, juckende Stelle.
Nach einer gewissen Einwirkzeit entspannt
sich sein zuvor verzerrtes Gesicht, genießt
fast sichtlich die verdünnende Wirkung der
See auf dem empfindlichen, angegriffenen
Hautareal. Die Badezeit seines ersten Opfers
hat der Bootsmann zum Auffüllen der leeren
Konservendose genutzt. Kaum in Stellung
gebracht, ergötzt er sich am zweiten Opfer.
Erst ohne Wirkung, ist er gemächlich zu den
vorderen Laderäumen unterwegs, sprintet
urplötzlich zu einem Feuerlöschhydranten,
dreht diesen auf, zieht im selben Moment
seinen Umhang hoch, bietet mit dem
Allerwertesten dem Strahl Paroli. Die
umstehenden Kollegen staunen, lachen, keiner
die Ursachen kennt oder sich etwas

zusammenreimt.

Glück für den Bootsmann, die misshandelten
Opfer der Zusammenhänge unkundig, jeder der
Meinung, die falsche Büchse gegriffen zu
haben. Nicht ungefährlich, südliches
Temperament, schnell aufkeimende
Rachegelüste, Messer sitzen locker, ein
Menschenleben nichts wert. Er denkt an das
Unglück mit den Schuten.

Weiterfahrt nach Bombay/Mumbai, nach dem
Festmachen Abendessen, Nachtruhe, morgen früh
ist Landgang angesagt. In einer Dreiergruppe
sind Martin und seine Freunde zu einem
Erkundungstrip in die Umgebung des Hafens
unterwegs. Schon kurz hinter dem Hafentor

werden sie von einer Gruppe von Bettlern
belagert. Sie kommen sich vor wie in
vergangene Zeiten, ins Mittelalter
zurückgebeamt. Verkrüppelte Menschen ohne
Gliedmaßen, Blinde, Mütter mit ihren gleich
nach der Geburt künstlich verunstalteten
Babys, um erbarmungswürdig zu erscheinen,
strecken diese ihnen entgegen, wehklagen,
wimmern zum Herzerweichen, um eine Gabe zu
erbetteln. Die drei beschleunigen, erhöhen
die Geschwindigkeit, laufen fast, die Bettler
bleiben dran. Trotz Behinderungen, Krücken,
Prothesen, Babys im Arm, lassen sie sich
nicht abschütteln. Im Rinnstein der Straße
laufen Ratten, fast so groß wie Katzen. An
den Häuserwänden sind Planen für die
Nachtlager der Obdachlosen befestigt, die

ebenfalls um eine Gabe betteln. Von vergangenen Reisen geschult, hart bleiben, eine Gabe an die Erbarmungswürdigen, eine Invasion, wahre Flut weiterer Bettler würde sie regelrecht überrennen. Wer weich wird, barmherzig abgibt, dem bleibt nur die sofortige Rückkehr zum Schiff oder die Flucht in ein Restaurant. Wie ein Lauffeuer sich in rasender Geschwindigkeit verbreitet, würde die Schar der Bettler, Diebe, kleiner Gauner enorm ansteigen. Handgreiflichkeiten, Diebstahl wären nicht mehr kontrollierbar in der Menge. Manch barmherzige Seele kam nur noch in Unterhosen vom Landgang zurück.

Die Drei haben es nach einiger Zeit dann doch geschafft, die Meute abzuhängen. Laufen durch

das hafennahe Rotlichtviertel, weisen die
Animationen erfolgreich ab. Morgen oder die
anderen Tage der Liegezeit ergeben sich noch
genug Gelegenheiten derartiger Aktivitäten im
anderen, sauberen Teil der Stadt, da wo es
hygienisch ansprechender ist. Hier vor Ort
sind die Einheimischen die Kunden, ärmliche
Hütten dienen als Liebestempel, ohne
Klimaanlage, mit primitiven sanitäre
Einrichtungen. Tripper, Syphilis als
ungewollte Mitbringsel sind ein weiterer
Grund für die Beschleunigung des Trios.

Ihr Rundgang führt sie zur größten Wäscherei
der Stadt, von einem Berg eröffnet sich der
Blick über hunderte steinerne Waschstellen,
die ununterbrochen arbeiten. Haufen von

»okvarianteamazonok«
© 2014 Michael Krausse

Wäsche, jedes einzelne Kleidungsstück
zentimeterweise mit Seife eingerieben, wird
mit einem Schlagbrett ausgeklopft. Hunderte
Arbeiter, viele Männer dabei, schlagen, vor
einer Steinstufe kniend, unermüdlich auf die
Wäsche ein. Das Klatschen der Schlaghölzer
schallt bis zu den Dreien herüber. Danach in
Bottichen gespült, mit Karren zum überdachten
Trockenplatz gefahren, wird die Wäsche auf
Holzgestellen und Leinen zum Trocknen
aufgehängt. Ein paar Dias für zu Hause,
weiter zurück zum Schiff Richtung Hafen.
Vorher werden sie auf brennende
Scheiterhaufen aufmerksam, eine
Einäscherungsstelle am Fluss. Arbeit im
Akkord der dort Tätigen. Es brennen viele
Feuer, die Asche der kaum abgebrannten

5   10   15   20   25   30   35

Scheiterhaufen wird in den Fluss gestreut,
ein neuer an der frei gewordenen Stelle
errichtet, angezündet. Familienangehörige
nehmen Abschied, Zeremonien, Gebete, Gesänge,
je nach Status kurz oder länger.

Andere Sitten, Regeln, Bräuche.

Auffallend, beklemmend der Anblick einer in
Reihe liegender, sitzender, gebrechlicher,
kaum sich regender alter Menschen. Jeder vor
sich ein Holzbündel, teilweise draufliegend,
als hätten sie Angst vor Diebstahl, wichtiger
als Essen, Trinken. Diese Bedürfnisse, nicht
mehr vorhanden, sie dämmern zwischen Leben
und Tod, ein Warten auf die eigene
Einäscherung, hoffend auf die heilige

Übergabe der Asche in den Fluss, danach.

Kurz entschlossen entscheiden sich die Drei,
per Taxi zum Gate of Bombay, dem Wahrzeichen
der Stadt, zu fahren. Erstehen dort ein paar
Mitbringsel für zu Hause, nehmen einen Gin
Tonic, angebliche Wunderwaffe gegen Malaria.
Leicht angeheitert, mit dem Taxi unterwegs
zum Schiff, überredet sie der Fahrer zu einem
Zwischenstopp in eines der bekanntesten
Bordelle der Stadt. Sie überlegen nicht
lange, lebenshungrige junge Männer, einige
Zeit schon abstinent. Die Auswahl der
anmutigen indischen Schönheiten - riesig. In
Vorfreude schwelgend, fröhlich lachend,
verabreden sie sich in zwei Stunden an der
Bar, um später gemeinsam zurück zum Schiff zu

»okvarianteamazonok«
© 2014 Michael Krausse

fahren. Ihre auf Zeit Auserwählten führen sie
einzeln auf die Zimmer. Martin staunt über
die noble, saubere Einrichtung, wird von
Ravina, so der Name seiner Gespielin, sanft
entkleidet, im Bad gewaschen, in ein Tuch
gewickelt, auf dem riesigen Französischem
Bett kunstvoll massiert. Sie streift ihm ein
Kondom über, setzt sich rittlings auf ihn.
Ihr Becken bewegt sich in langsamen,
kreisenden Bewegungen, die immer schneller,
heftiger werden, mit plötzlicher Pause, bis
die Erregung etwas abgeklungen ist. Dann
weiter, Pause, Galopp, Trab, unterschiedliche
Tempi, sie hat ihn im Griff, gebändigt,
Neugierde geweckt auf ihre Kunst der Liebe.
Dann seine Explosion, Sekunden wie abwesend,
Wellen der Lust durchzucken ihn. Benommen,

»okvarianteamazonok«
© 2014 Michael Krausse

5   10   15   20   25   30   35

langsam kommt er zu sich, schaut auf, sie
gibt ihm ein Glas kühles Wasser, wischt ihn
mit einem Tuch aus Zellstoff ab. Dann
zusammen in das benachbarte Bad, sie wäscht
sich auf einem Bidet, er schaut verstohlen,
interessiert zu. Dann kommt sie zu ihm unter
die Dusche, seift ihn komplett ein, ihre
Hände schäumen den Rücken, den Po, fahren
zwischen seine Beine und waschen zart,
intensiv sein Glied. Martin wird es fast
schwindelig, ist im Nu bereit für ein zweites
Intermezzo. Doch Ravina hat es nicht so
eilig, lässt sich erst von ihm verwöhnen,
zeigt ihm die Stellen, an denen es ihr Lust,
Wonne, Freude bereitet - natürliche
Ungezwungenheit. Martin ist wie im Rausch,
verwöhnt sie französisch, dann sie sich

5   10   15   20   25   30   35

gegenseitig. Pausen wechseln sich mit
liebevollen anregenden Massagen bis kurz vor
einem Höhepunkt ab. Er streift sich ein
bereitliegendes Kondom über, stellt sie an
die Bettkante, dann kniet sie vor ihm auf dem
Bett. Langsam spielt er mit seiner Kuppe an
ihrem Eingang, entlang an ihrer Knospe,
klopft mit dem Glied an ihre Pforte, dringt
vorsichtig, langsam ein. Behutsame Bewegungen
lösen sich mit schnelleren ab, Dur und Moll,
die Klaviatur der Lust wechselt, mit kleinen
Unterbrechungen, vor Erreichen des
Höhepunktes, bauen so diesen weiter auf,
Beherrschung erforderlich, das Ziel ein
Feuerwerk der Lust, bisher nicht erreicht.
Sie hat Gefallen gefunden an ihrem Recken,
steuert bravourös mit, übernimmt den Part,

gibt ihm ein Zeichen einzuhalten, still zu
stehen. Sie kreist mit ihrem Becken, saugt
regelrecht zart, sanft sein Glied ein, spielt
mit seiner Eichel, dem darunter liegendem
Bändchen, kaum sichtbare Bewegungen mit
enormer Wirkung, versteht ihr Handwerk, hat
Erfahrung. Martin, ist kaum in der Lage, an
sich zu halten, der Drang nach Erleichterung
wird stärker, übermächtig. Jetzt, ja Kommen,
doch Ravina ist schneller, ihm zuvor,
quetscht ihre Hand um die Wurzel seines
Gliedes, presst fest, fast schmerzhaft
zusammen, lenkt so die Erregung ab. Martin
geerdet, klar denkend, legt die Bettdecke,
das Kopfkissen auf den in der Mitte liegenden
Tisch, breitet diese so darüber, dass die
Kanten abgedeckt, nicht drücken, stören, das

5   10   15   20   25   30   35

Kissen ihren Kopf entlastet. Sie legt sich
rücklings auf den Tisch, er hebt ihre Beine,
legt ihre Unterschenkel auf seine Schultern,
sie jetzt gebeugt wie ein Fragezeichen. Wie
mit einem Geigenbogen fiedelt er wieder mit
seinem Glied über ihre Knospe, die Spalte der
Begierde. Sie wird immer feuchter, einladend
reckt sie sich ihm entgegen, er fiedelt
weiter, langsam, schnell, klopft auf die
Knospe, stärker werdend. Dann führt er einen
Finger ein, krümmt diesen wie einen Haken,
bearbeitet das Geflecht kurz hinter ihrem
Eingang. Dann folgt der zweite Finger, er
dreht diese in die eine und andere Richtung,
krault mit ihnen die empfindlichsten
Regionen. Sie zeigt ihre Zufriedenheit,
stöhnt lustvoll, dann führt er sein Glied

ein, es wiederholt sich die Klaviatur der
Lust, Dur, Moll, Pausen. Dann dreht er seine
Partnerin auf die Seite, sie zieht die Beine
bis zur Brust, der Po an der Tischkante,
Idealhöhe zur erneuten Penetrierung. Freie
Bewegungsfreiheit, Drehen, Kreisen; kräftige,
harte Stöße folgen schwächeren. Er umfasst
ihr Gesäß, schüttelt, rüttelt, sein Glied,
weit eingedrungen, berührt tief in ihr die
hintersten Areale. Ravina, schon einige
Freier durchlaufen, stöhnt, seufzt, genießt
den Augenblick, hat solche Zuwendung, Hingabe
bisher nicht erlebt. Es durchschüttelt sie
unvorbereitet ein Orgasmus, die Wellen der
Lust ebben nur nach und nach ab, törnen
Martin zu weiteren Aktivitäten an. Mit
schnellen, tief ausholenden Stößen führt er

5   10   15   20   25   30   35

sie zur Ekstase. Dann löst er sich von ihr,
schiebt ihren Körper höher, bis zum Ende des
Tisches. Genug Platz, um ihre Füße auf den
Tisch aufzustellen. Er nimmt ein paar Tropfen
Öl aus einem bereitstehendem Kännchen auf die
Fingerspitzen. Vorsichtig spreizt er ihre
Beine, massiert ihre Vulva, ihre Knospe,
zieht sachte an dieser, schnippst dezent
mehrmals dagegen, umkreist sie mit sanftem,
stärker werdendem Druck, dringt dann mit drei
Fingern ein, so weit er kommt, mit drehender,
bohrender Bewegung. Sein Zeigefinger krümmt
sich gegen die Scheidewand in Höhe des
G-Punktes. Die Hand bewegt sich gleichmäßig,
wie ein Kolben einer Maschine, mit
wechselnder Geschwindigkeit. Er formt seine
Hand so geschmeidig, eng wie möglich: Daumen,

»okvarianteamazonok«
© 2014 Michael Krausse

kleiner Finger zur Handfläche eingerollt nach
innen, die drei übrigen zur äußeren Seite,
von oben ähnlich aussehend wie eine große
Hagebutte oder eine Gewürznelke in einer
anderen Dimension. Er gibt weiteres Öl auf
die Scheidenöffnung und seine Hand -
langsames Penetrieren, Drehen,
millimeterweises Eindringen bis zu den
Knöcheln seiner Hand. Sie signalisiert mit
Gegendruck, Heranrutschen ihres Gesäßes:
„Mach weiter hör nicht auf.“ Durch Geburt
geweitet, gelingt ein weiteres Vordringen,
erleichtert durch sanfte Drehbewegungen. Als
keine Vorwärtsbewegung mehr möglich, vibriert
er mit vorsichtigen, flinken Bewegungen,
immer schneller, heftiger. Wie eine Woge
rollen Wellen der Ekstase über sie, entfährt

»okvarianteamazonok«
© 2014 Michael Krausse

ihr ein Schrei der Erlösung. Er hält ein,
wartet, bis sie sich erholt hat, zieht seine
Hand aus ihrem Unterleib, führt drei Finger
wieder ein, kniet sich vor sie hin, mit der
anderen Hand an ihrem Knie festhaltend. Führt
flatternde Bewegungen aus, ähnlich wie „Komm
her", immer schneller, heftiger. Sie windet
sich, schreit vor Lust laut auf: „... mehr,
härter!", kann nicht genug bekommen von
diesen tiefen, nie erlebten Lustgefühlen. Er
verteilt ihre im Wonnerausch vergossenen
Säfte über ihre Vulva, massiert ihre Clit,
deren Umgebung, ihr Atem beruhigt sich. Beide
sitzen erhitzt auf dem Bett, ruhen sich aus,
trinken etwas kühles Wasser aus der
bereitstehenden Karaffe. Verstohlen schaut
Martin auf seine Uhr auf dem

Nachtschränkchen, sie haben dreißig Minuten,
dann sind die zwei Stunden um. Die Zeit ist
schnell vergangen, immer wenn es am schönsten
ist, er schmunzelt innerlich. Sie bemerkt
seinen Blick, legt sich rücklings aufs Bett,
ihre Hände weisen ihn zu ihr. Sie knabbert
zärtlich bis er erigiert, in der Lage ist, in
sie einzudringen. Sie presst ihre Beine fest
zusammen, legt sich vorher ein kleines,
festes Kissen unter ihren Po. Seine Beine
liegen außen, er spürt, wie sie geschickt
ihren Beckenboden bewegt, ihre Muskeln die
Eichel umspielen. Irre, zärtliche,
gegenseitige Gefühle, dann drücken ihre Hände
seine Pobacken, geben den Takt an zu
kräftigen Stößen. Dann ein Zeichen zur Pause,
verhalteneren Bewegungen, Wechsel zu hart,

schnell, behutsam, zart. Dann kommt
unaufhörlich die Welle der Erlösung, wie ein
Tsunami, lässt sich durch nichts mehr
aufhalten, beide durchströmt gleichzeitig
eine Hitze, fast schmerzhafte Lustgefühle
durchzucken den gesamten Körper. Es dauert
eine Weile, ehe sie zu sich gekommen sind,
dann zusammen duschen, sich gegenseitig
vorsichtig abtrocknen. Nachdem sie sich
angezogen, bringt sie ihre Frisur in Ordnung,
nebenbei Smalltalk, andere Belanglosigkeiten.
Er trinkt einen Schluck, steckt ihr
zusätzlich einen Schein zu, Küsschen, dann
verlassen sie das Zimmer.

Er denkt mit etwas Wehmut, ob, wann, wo er so
schnell wieder auf solch ein Weib treffen

»okvarianteamazonok«
© 2014 Michael Krausse

wird.

Sie, Geld reicht für diese Woche, netter
Junge, gab schlechtere Tage.

An der Bar des Bordells findet das Trio
zusammen, die zwei Kollegen warten schon über
eine Stunde, hatten ihr Geschäft vorzeitiger
erledigt. In der Taxe tauschen sie ihre
Erlebnisse kurz aus. Die beiden anderen
bedauern den vorherigen Alkoholkonsum, hat
der doch Durchhaltevermögen, Standfestigkeit
negativ beeinflusst. Grund für Beide beim
Warten auf Martin, sich paar Gin Tonic zu
genehmigen. Eher beiläufig bemerkt Toni, im
Bordell im Nachbarzimmer aktiv, zu Martin:
„Was habt ihr denn veranstaltet, deine Kleine

»okvarianteamazonok«
© 2014 Michael Krausse

5   10   15   20   25   30   35

hat ja regelrecht geschrien, hatte aber den
Eindruck, geschadet hats ihr nicht." Lacht
laut auf, haut sich auf die Oberschenkel.

5   10   15   20   25   30   35

Martin schaut aus dem Fenster, das Elend,
diese Armut. An der Kreuzung, das Taxi hält
länger, stürzen wieder Bettlerinnen mit
Säuglingen im Arm auf das Fahrzeug zu. Schon
als Baby, gleich nach der Geburt künstlich
verunstaltete arme Würmer. Absichtlich wurden
ihre Gelenke verrenkt, die Knochen gebrochen,
geblendet, des Augenlichts beraubt,
entstellt, um erbarmungswürdig den besser
betuchten Almosen abzuringen. Wut,
Machtlosigkeit kommt in ihm hoch, sie sind
wieder in der Realität angekommen.

- Saigon, Werft-

Anfang der siebziger Jahre des letzten
Jahrhunderts, der blutige Vietnamkrieg ist
nach langer Dauer endlich beendet. Saigon ist
Hauptstadt vom Verlierer Südvietnam, jetzt
vom Norden in Ho-Chi-Minh-Stadt umbenannt,
verfügt über eine, für asiatische
Verhältnisse moderne Werft. Ein Umstand, der
die Manager der Reederei bewegte, einen
Versuch zu wagen, die ihnen anvertrauten
Schiffe dort technisch überholen zu lassen.
In einem abgebrannten, zerstörten Kriegsland
herrscht die Stunde Null. Keine Industrie,
Schwarzmarkt, Kriminalität, Korruption,
bittere Armut, Hunger, Not. Ein Abenteuer

bahnt sich an.

Alle für die Werft notwendigen Materialien,
Farben, Rohre uvm., Lebensmittel, Ausrüstung,
Transitwaren, Getränke für die
Schiffsbesatzung, werden vom Heimathafen in
Deutschland nach Saigon mitgeführt. Nach drei
Wochen Überfahrt erreichen wir den
Saigon-River. Die Ladung wurde vorher in
Singapur und Bangkok gelöscht. Auf der kaum
genutzten Reede von Saigon kommt der Lotse an
Bord, steigt von einem dunkelblau
gestrichenen Marineschlepper auf den Frachter
über. Am Bug sowie Heck mit Maschinenkanonen
bestückt, setzt er sich vor das Schiff,
begleitet uns auf dem Fluss bis zum
Ankerplatz vor der Werft, um danach unweit an

seinem Stellplatz festzumachen.

Einige Tage vergehen, die Besatzung hat Zeit
zur Akklimatisierung an das tropisch-feuchte,
heiße Klima, gewöhnt sich an die pünktlich,
zu Abend beginnenden Schießereien in der
Stadt. Banden ehemaliger Söldner der
südvietnamesischen Armee bekämpfen sich um
Anteile am Schwarzmarkt, sind im Drogenkrieg
untereinander, kämpfen gegen die jetzige
nordvietnamesische kommunistische
Staatsmacht.

Landgangsverbot, Ausgang ist nur möglich mit
Passierschein, als Gruppenlandgang, in
Begleitung eines Mitarbeiters der Agentur und
der Armee, als einzige Chance, den Frachter

zum Besuch des Seemannsklubs oder in die
Stadt zu verlassen.

In der Nähe liegen weitere Schiffe vor Anker,
umschwärmt von kleinen wendigen Paddelbooten,
auf der Jagd nach austretendem Maschinenöl in
jedmöglicher Form. Ölflecken sind auf der
Wasseroberfläche in den Regenbogenfarben
sichtbar. Treten sie auf, werden sie von den
emsigen Sammlern, meist Jugendliche, mit
einem dünnen Brett abgefischt, im Boot
abgestreift. Immer wieder diese Prozedur,
wenige Tropfen Öl der Tageslohn, in kleinen
Hinterhofdestillen zu Mopedsprit
zusammengerührt. Not macht erfinderisch,
nichts wird hier verschwendet.

5   10   15   20   25   30   35

Warten auf ein Signal der Behörden, in die
Werft einzufahren, es passiert nichts.
Tagelang kein Zeichen, der Bordbetrieb
schleppt sich aus Mangel an notwendigen
Aufgaben für die Besatzung träge dahin.
Gegenüber dem Ankerplatz eine dorfähnliche
Siedlung, Kinder spielen am Fluss. Ein lauter
Schrei, zwei junge Männer stürzen in die
Fluten, holen ein Kind aus dem Wasser. Am
Strand einige Versuche der Wiederbelebung,
sinnlose Bemühungen. Nach Einsicht der
Erfolglosigkeit wird der leblose Körper mit
ein paar Schilfbüscheln bedeckt, am Strand
abgelegt. Als wäre nichts geschehen, der
Dorfalltag dreht sich wie immer weiter,
Kinder spielen unbekümmert am Strand. Die
Dunkelheit legt sich über den Fluss, fast auf

»okvarianteamazonok«
© 2014 Michael Krausse

die Minute, die täglichen Schießereien am
Rande der Stadt. Unermüdlich huschen kleine
Ölboote um die großen ankernden Schiffe,
jetzt zusätzlich Schwarzmarkthändler an Bord.
Mit Leinen werden Vasen an Bord gezogen, im
Tausch gegen Zigarettenstangen, die
Schwarzmarktwährung in Nachkriegszeiten. Aus
dem Nichts taucht ein Armeeboot an der Seite
des Nachbarschiffes auf, Scheinwerfer lassen
die Nacht taghell erscheinen. Schüsse aus
Maschinenpistolen erschallen, blitzschnell
stieben die wendigen Paddelboote in alle
Richtungen in die dunkle Nacht davon. Kaum
sind die Motoren des Marinebootes verklungen,
läuft der schwimmende Schwarzmarkt weiter,
als wäre nichts geschehen.

»okvarianteamazonok«
© 2014 Michael Krausse

5   10   15   20   25   30   35

Am nächsten Morgen sind die Schilfbüschel am
Strand verschwunden, nichts deutet mehr
darauf hin, was sich am Vortag hier
abspielte. Auf dem Nachbarschiff wurde ein
Seemann in der Nacht von Kugeln getroffen,
dann in die Klinik transportiert, ein Bein
amputiert. Gegen Mittag Auflauf an der
Steuerbordseite. An der Bordwand hat sich
eine, auf dem Bauch liegende Wasserleiche
verfangen, schlägt mit dem Kopf an das
Schiff, zeitweise der offene, staunend
aussehende Mund erkennbar. Opfer der
Schießerei am Nachbarschiff in der
vergangenen Nacht oder vom täglichen
Bandenkrieg? Ein herbeigerufenes Schnellboot
der Armee kommt zur Bergung, ein Griff,
Schlinge um die Hand, mit Vollgas den Fluss

»okvarianteamazonok«
© 2014 Michael Krausse

5   10   15   20   25   30   35

hinauf. Ab und zu zeigt sich der leblose
Körper, auf- und abschwingend, wie beim
Wasserski. Wird schnell kleiner, verschwindet
in der nächsten Biegung.

Jedem ist klar, angekommen in einer anderen
Welt, was bedeutet hier ein Menschenleben?
Doch zu dem hier kurz zuvor tobenden
Vietnam-Krieg ist die jetzige Nachkriegszeit
ein zarter Hauch vom Frieden.

Nach zwei Wochen, die Warterei hat endlich
ein Ende, bugsiert uns der dunkelblaue
Armeeschlepper in die Werft. Nach dem
Festmachen stürmen ärmlich bekleidete,
ausgemergelte Werftarbeiter unseren rostigen
Frachter. Meistens Frauen, die, bewaffnet mit

5   10   15   20   25   30   35

einem Rosthammer, das Schiff in
ohrenbetäubenden Lärm versetzen. Nach einiger
Zeit schwillt dieser wieder langsam ab, eine
Menschenschlange bildet sich hinter der
Kombüse. Der Koch verteilt die Reste vom
Mittagessen. Eine Fulbrast, übliche
Abfallstelle im Hafen, wird es hier nicht
geben. Ob Strunk, Kartoffelschale, Knochen,
Fischkopf, Gräten, mit Resten behaftete
Margarineschachtel, nichts verkommt. Entweder
gleich gegessen oder für die Familie
mitgenommen. Ab sofort kocht die Kombüse
reichhaltiger, fällt mehr Abfall an, gibt es
mehr zu verteilen.

Alle körperlich schweren Arbeiten erledigen
Frauen, die wenigen anwesenden Männer weisen

diese ein und an. Unbegreifbare Normalität in
hiesigen Breiten.

Es gibt Situationen, da läuft es anders
herum. Höchste Betriebsamkeit des männlichen
Geschlechts nach Umsetzen der
Getränkecontainer nach einigen Tagen in der
Werft. Acht Monate Werftzeit sind eingeplant,
über neun werden es. Getränkelasten,
Kühlräume zur Lagerung der Getränke und
Leergut, für so einen langen Zeitraum nicht
konzipiert, sind zu klein. Zusätzlich werden
daher zwei Container an Deck für den ersten
Teil der Reise mit Getränken beladen, dann
mit den geleerten Getränkekisten wieder
gefüllt. Die Werft verfügt über Sandstrahler
zum Entrosten, ideal geeignet zum Bestrahlen

5   10   15   20   25   30   35

der vom salzigen Seewasser angefressenen,
verrosteten Container. Das vorher dort
eingelagerte Leergut wird jetzt an Deck
gestapelt, da sonst Gefahr besteht, vom
Sandstrahlen zerschossen, als Glasbruch zu
enden. Das damalige Bier, nicht so
stabilisiert wie heute, wenn ungenießbar, ist
als Beweis für die Brauerei zurückzubringen.
Gutgeschrieben werden nur die Flaschen, die
wieder als „nicht trinkbar" retour gegangen
sind. Irrsinn, da bei den tropischen
Bedingungen jedes offene Bier nach drei Tagen
verdorben wäre. Vertrag ist Vertrag, deutsche
Gründlichkeit oder Lachnummer? Aus unserer
jetzigen Sicht eindeutig ja, damals vor
vierzig Jahren, übliche Realität.

5   10   15   20   25   30   35

Jetzt sitzen zehn junge Einheimische um acht
Kästen verdorbenes Bier. Die Flaschen schon
vor Wochen geöffnet, damals trübe, ohne
Druck, mit Rückständen, Aulen genannt,
reklamiert. Die offenen Pullen wurden samt
ungenießbarem Inhalt in Kästen gesammelt, bei
Außentemperaturen von bis fünfundvierzig Grad
im Container an Deck abgestellt. Jetzt nach
weiterer wochenlangen Flaschengärung unter
tropischen Verhältnissen, hat sich der
Aggregatzustand von flüssig in halbfest,
gallertartig verändert, unangenehmer Geruch
in penetranten Gestank verwandelt. Der
Promilleanteil hat sich höchstwahrscheinlich
gesteigert, daher kein Hinderungsgrund für
den Verzehr durch die um die Kisten
Sitzenden. Wie in einer Zeremonie kreist eine

»okvarianteamazonok«
© 2014 Michael Krausse

5   10   15   20   25   30   35

Flasche von Hand zu Hand, jedes Mal ein
Schluck entnommen, eher herausgeschüttelt,
ohne eine Miene zu verziehen, mit leicht
schielendem Blick, solange gekreist, bis die
letzte Flasche geleert. Nichts verkommt,
alles Proteine. Lachend erzählt ein
Vorarbeiter hinter vorgehaltener Hand, dass
nach dem Tet-Fest auf den Straßen der Stadt
keine Hunde mehr zu sehen sind. Alles was
lebt, kraucht, schwimmt, bis zum Insekt dann
im Suppentopf landet.

Heute habe ich einen Termin beim Zahnarzt.
Ein Mitarbeiter der hiesigen Agentur wird
mich in die vor wenigen Jahren von Japanern
gebaute Klinik bringen. Hier werden
Regierungsmitglieder, Diplomaten und Seeleute

»okvarianteamazonok«
© 2014 Michael Krausse

behandelt. Pünktlich steht ein älterer PKW französischer Bauart an der Gangway. Der Fahrer öffnet die hintere Tür und ich nehme schräg diagonal zum Fahrzeugführer Platz. Bis zum anderen Ende der Stadt werden wir mindestens eine Stunde benötigen, teilt mir Dang, der Fahrer, mit. Es ist wieder schwül, heiß, da keine Klimaanlage im Wagen, öffne ich meine Fenster, genieße den Luftzug. Der Verkehr wird immer stärker, besteht hauptsächlich aus Fahrradfahrern und Mopeds. Beim Anblick der stinkenden, knatternden, für alle Transportzwecke umgebauten Vehikel, fallen mir die auf dem Fluss paddelnden Ölfischer ein, wie mühselig jeder Tropfen Treibstoff hier gewonnen wird. Verkehrsregeln, fehl am Platz, hier siegt,

5   10   15   20   25   30   35

wer die stärksten Nerven hat, am
abgebrühtesten ist. Der Lärm, unermüdliches
Hupen der Mopeds, zu Bussen umgebauten LKW,
eine Unterhaltung fast unmöglich. Die
Kleidung ist schnell durchgeschwitzt, um
weitere Kühlung zu erhaschen, beuge ich den
Oberkörper immer mehr aus den Wagen, halte
mich mit der Hand an der Dachreling fest. „No
Sir, no good, stop, come in, no hand
outside", ruft aufgeregt der Fahrer der
Agentur. Im brüchigen Englisch erklärt er die
Gefahren, denen ich mich eben unbewusst
ausgesetzt habe. Es sei leichtsinnig, vor
kurzem war einem russischem Kapitän der
Ringfinger samt Ring während der Fahrt
abhandengekommen. Inmitten des dichten
Verkehrs wurde deren Wagen von einem Moped

mit Sozius eine Weile begleitet. Beim Stopp an einer Kreuzung stellte sich dieses neben den Wagen. Der Hintermann packt urplötzlich den Arm, hält diesen nach vorne zum Fahrer des Mopeds, der mit einer Zange den Finger samt Ring abkneift. Ehe jemand zur Besinnung kommt, sind die Verbrecher im dichten Verkehr verschwunden. Mir wurde bei seinen Erläuterungen flau im Magen, heimlich zog ich den Ehering vom Finger, verstaute diesen im Brustbeutel. Es gibt immer Erlebnisse, die so kaum vorstellbar sind. Ab sofort ist mir klar, hier ist so einiges möglich, deftiger Grund nach Rückkehr an Bord die Kollegen zu warnen. Erinnerungen an das Abhandenkommen der Uhr in der Karibik tauchen auf. Ein unscheinbarer kleiner Junge fragte nach der

5   10   15   20   25   30   35

Zeit, verstand die Antwort angeblich nicht,
nahm den Arm, um selber nach der Zeit zu
sehen, war Sekunden später samt Uhr um die
nächstbeste Ecke verschwunden. Damaliges
Lehrgeld, gegen hiesige Verhältnisse:
Pillepalle.

Zu den morgendlichen Ausfahrten des
dunkelblauen Marineschleppers die Uhr
stellen, kein Problem, pünktlich zum
Frühstück erklang sein dumpfes Typhon zum
Ablegen. Kurz darauf tuckerte er an uns
vorbei, war einige Schleifen flussabwärts
sichtbar, bevor er, immer kleiner werdend, im
Dickicht der Mangroven verschwand. Heute war
es anders, die Ruhe bemerkten alle sofort,
war ansonsten keine weitere Bewegung

5   10   15   20   25   30   35

irgendeines Schiffsverkehrs in der Werft
vorhanden. An seinem angestammten Liegeplatz,
gähnende Leere. Der Alltag verlief wie die
Tage zuvor, die Rostklopfarbeiten waren
soweit abgeschlossen, dafür Bambusgerüste an
den Masten. Wie Ameisen kletterten die Frauen
daran empor, pinselten an den Ladebäumen, am
Bordkran. Eine Gruppe malte in den
Unterräumen der Ladeluken. Pünktlich zu den
Essenszeiten bildete sich eine Schlange
hinter der Kombüse.

Am Nachmittag brauste der dunkelblaue
Marineschlepper mit Volldampf vorbei. An Bord
anstelle der Besatzung Soldaten in grüner
Uniform, die den Schlepper abstoppten, den
hinteren Teil der Werft ansteuern, dort

5   10   15   20   25   30   35

anbinden. Die Sicht durch eine Lagerhalle zu
uns versperrt. Trotz der hohen
Geschwindigkeit, mit der der Schlepper an uns
vorbei jagte, sind Einschusslöcher an dessen
Brücke und Blut auf dem Deck erkennbar. Die
Vorarbeiter schwiegen auf Fragen, waren
blass, drucksten herum, verschwanden mit den
restlichen Werftarbeitern pünktlich zum
Arbeitsschluss eilig nach Hause.

»okvarianteamazonok«
© 2014 Michael Krausse

Die Stille war heute greifbar, bedrückend, die allabendliche Schießerei nebensächlich. Mit Taschenlampen versehen erkunden Kapitän, Chief, Bootsmann und der zweite Nautische die Lage. Im Schatten des Schiffes, das mit Posten bewachte Haupttor liegt auf der anderen Seite der Werft, schleichen sie sich bis zur Lagerhalle vor, die vom Schiff aus die Sicht auf den Bugsierer versperrte. Im hinteren Hafenbecken erkennen sie den Marine-Schlepper, der abgedunkelt in fünfhundert Meter Entfernung am Hafenkai liegt. Dieser abgelegene Teil der Werft, dient als Lager und Schrottplatz. Zugang nur über das bewachte Haupttor möglich, daher hielt es keiner in der Werft für notwendig, zusätzliche Wachen zu positionieren. Je näher

sie kommen verstärkt sich bei ihnen die
Vorahnung auf einen grausigen Fund zu stoßen.
Obwohl schon Abend, die Sonne untergegangen,
die Sicht ohne zusätzliche Beleuchtung
ausreichend. Es riecht nach Blut, nach Angst,
Tod. Keiner der Vier gesteht laut die
aufkommenden mulmigen Gefühle, den Reflex der
Flucht, schnell zurück auf´s Schiff. Wenige
Meter trennen sie von der jetzt erkennbaren,
von Kugeln durchsiebten Außenhaut. Was für
ein Drama hat sich am Morgen auf diesem
Schiff abgespielt? Als sie die Bordwand
übersteigen, schreit der Zweite Nautische
erschrocken auf: „Jede Menge Blut hier unten,
es schwimmt regelrecht an Deck, Oh Gott, hier
auch Knochensplitter, Gehirnmasse". Er ist
weiß, blass geworden, hält sich an der Reling

fest, neben ihm der Chief japst nach Luft,
übergibt sich nach außenbords. Alle sind wie
gelähmt, trauen ihren Augen nicht, es fehlen
die Worte. Nach und nach löst sich ihre
Schockstarre, der Kapitän zeigt wortlos ein
Deck höher, die Wände der Aufbauten, Lüfter,
Rettungsboote, alles durchlöchert wie ein
Sieb. Durchschüsse von Maschinenpistolen,
Einschläge von Granaten und Splittern. Blut,
menschliches Gewebe, Knochenteile,
Gehirnmasse über das Schiff verteilt, bis zum
Peildeck über der Brücke. Schnell verlassen
sie den Ort des Grauens, tauschen sich ihre
Vermutungen aus: „Boat People", die auf der
Flucht mit diesem Schlepper gefasst wurden.
Den Spuren, dem vielen Blut nach, waren
mindesten fünfzig oder mehr Personen an Bord.

5   10   15   20   25   30   35

Motorengeräusche schrecken sie auf, eine
Motorrad-Patrouille nähert sich mit hoher
Geschwindigkeit, stoppt vor ihnen. Ein Soldat
richtet seine MPi auf die Vier, wenig später
werden sie mit einem Jeep zur Wache gefahren.
Hier warten schon der Hafenkommandant, der
Chef der Wert und ein einheimischer
Sicherheitsoffizier. Da die Werft an dem
Reparaturauftrag höchstes Interesse, weitere
Aufträge sind in Planung, werden der Chief,
zweite Nautische und Bootsmann zurück auf das
Schiff entlassen. Vorher haben sie eine
Verschwiegenheitserklärung zu unterschreiben.
Der Kapitän bleibt, wird scharf verwarnt, hat
dafür Ordnung zu tragen, dass kein
Besatzungsmitglied eigenständig das Schiff
verlässt. Danach erfährt er die Ereignisse

auf dem Schlepper in der letzten Nacht,
ebenfalls mit der Auflage des
Stillschweigens. Bleich, erschöpft,
angetrunken kehrt er nach Stunden auf seinen
Frachter zurück. Er telefonierte zur
Gangwaywache, trug dem Stuart auf, umgehend
mehrere Flaschen Whiskey zur Wache zu
bringen. Spendierte diese der örtlichen
Obrigkeit, trank weiter gemeinsam bis zum
Umfallen, kam erst kurz vor dem Frühstück
wortlos zurück an Bord.

Am kommenden Abend sitzen die Vier wieder
zusammen, der Kapitän weiht seine Begleiter
des Vortages in die Vorfälle ein.

Unter größter Verschwiegenheit hatte die

5   10   15   20   25   30   35

Schlepperbesatzung die Flucht nach Singapur
vorbereitet. Gestern in der Nacht des
Fluchtversuches waren über einhundert
Personen, Besatzung mit Familien und
Bekannten an Bord. Bis zur Mündung verlief
alles ohne Vorkommnisse, innerhalb der
Hoheitsgewässer, wenige Kilometer vom Ufer
wurde ein Küstenschutzboot aufmerksam. Auf
der Jagd nach einem kleinen, mit
fünfunddreißig Personen überladenen
Fischkutter, ebenfalls auf der Flucht, funkte
das Kanonenboot den Schlepper an. Keine
Antwort, volle Kraft voraus, Versuch der
Flucht in eine andere Richtung. Doch zu
langsam, sichtbar im Radar, keine Chance zu
entkommen. Um ein Exempel zu statuieren, vor
weiteren Fluchtversuchen abzuschrecken, Feuer

»okvarianteamazonok«
© 2014 Michael Krausse

aus allen Rohren, aus Maschinenpistolen,
Bordkanonen, bis sich nichts mehr rührt.
Gleiches Schicksal ereilt den Fischkutter,
der danach mit Mann und Maus vor Ort versenkt
wird. Über einhundertfünfzig Menschen sinnlos
niedergemetzelt. Alle Toten über Bord ins
Meer. Der Schlepper, fahrbereit, nach kurzer
Reparatur seetüchtig, wird von
Armeeangehörigen in die Werft verholt.

Die Vier schweigen betroffen, beschließen
umgehend, die Botschaft zu informieren. Am
nächsten Nachmittag unterrichtet die
Schiffsführung die Besatzung, gibt
verschärfte Verhaltensregeln bekannt. Mit
Grauen werden sie Zeuge der Reinigung des
Schleppers, der bis vor ihr Schiff bugsiert,

von einem Werft-Trupp, bestehend aus Frauen,
gereinigt wird, gezielte Maßnahme zur
Abschreckung, die Kunde wird sich so
schneller verbreiten. Nachdem die Schäden
beseitigt, der Schlepper neu angestrichen,
dreht dieser pünktlich seine Runden, liegt
wieder am alten Stammplatz, wie eh und je,
als wäre nichts geschehen.

In den nächsten Tagen wird die Besatzung zu
einem Essen in den Seemannsclub eingeladen.
Gelegenheit auf andere Gedanken zu kommen,
die Enge der Werft, nur das eigene Schiff,
die Ereignisse der letzten Tage. Möglichkeit
mit anderen Schiffsbesatzungen in Kontakt zu
kommen. Ein Kleinbus zuckelt am frühen Abend
in Begleitung eines

Seemann-Club-Mitarbeiters, sowie Milizionärs der Hafenwache durch den Großstadtverkehr. Durch die Wuling der Fahrräder, Rikschas, Mopeds in den vielfältigsten Ausführungen, wild hupend, ein Chaos, eigentümlicherweise selbst regulierend, kaum Unfälle. An manchen Kreuzungen schwingen Polizisten mit weißen Tropenhüten, weißen Handschuhen ihren schwarz-weißen Reglerstab. Im Hintergrund die zeitüblichen Schießereien am Rande der Stadt, Gewohnheit, stört hier niemanden. Im Club angekommen, werden sie von Tänzerinnen im traditionellen Ao Dai empfangen, einem langen, eleganten Gewand, das die Anmut der jungen Frauen unterstreicht. Sie tanzen singend mit Trippelschritten im Kreis nach alten Rhythmen, formen dazu grazil die Hände,

betörend ihre kunstvoll geschminkten,
lächelnden Gesichter. Danach werden
Saigon-Röllchen sowie weitere landestypische
Spezialitäten gereicht. Reiswein, Liköre zur
Verdauung. Wer Lust hat, spielt danach
Tischtennis, Billard, schwimmt eine Runde im
Pool oder döst im Liegestuhl. Neben den
Duschen ein kleines Schild: „Asiatische
Massagen", darunter mit Bleistift „Spezial".
Erinnerungen an Thailand, an andere
asiatischen Häfen mit liebgewordenen Orten
der körperlichen Entspannung, Sehnsüchte
werden geweckt. Fingerfertigkeiten,
überlieferte alte Traditionen, ausgefeilte,
zärtliche Praktiken, ohne Scheu, mit Lust und
Freude verteilt. Weniger üblich in Europas
teilweiser Bigotterie, einfaltslosem

Abreagieren erotischer Stimmungen. Neugier
ist geweckt der Wissenden,
Massage-Erfahrenen, einer nach den anderen
verschwindet hinter einem Vorhang, der einen
Zugang zu einem angebauten Bungalow verbirgt.
Nach Zahlung eines kleinen Obolus tauchen sie
ein in die Welt der Sinne, Wonne, höchster
Gefühle. Wie ein Lauffeuer spricht sich der
Tempel der Lust im Seemannsclub an Bord
herum. Die Gruppenlandgänge mit Besuch des
Club´s der fröhlichen Seeleute, zum fast
täglichen Ritual, genau wie für die anderen
Schiffe auf dem Fluss, im Hafen. Kleiner
Lichtblick im sonst düsteren Dunkel des
Grauens der Stadt.

Um die lange Werft-Zeit zu verkürzen,

5   10   15   20   25   30   35

organisiert die Agentur an Land einmal im
Monat Ausflüge. Diesmal zum Wochenmarkt und
Vietnam-Krieg-Museum. Damit jeder dazu die
Möglichkeit erhält, über zwei Tage
organisiert. Je Tag nimmt je die Hälfte der
Besatzung daran teil, der Schiffsbetrieb
bleibt so immer erhalten.

Der Markt bietet neben Obst, Gemüse zu enorm
überteuerten Preisen sonst alles, was ein
Schwarzmarkt zum Ende eines Krieges anpreist.
Währung sind Dollar, Zigaretten, ein Handel
unter den Augen der Polizei, der staatlichen
Begleitung, nichts für uns.

Das Kriegsmuseum ist ein Schock. Alle haben
in der Schulzeit ein KZ in Deutschland

»okvarianteamazonok«
© 2014 Michael Krausse

besucht, waren von der Grausamkeit der
Nazizeit geschockt, entsetzt, beschämt.
Fremdgeschämt für die vorherigen Jahrgänge
der Wegschauer, Mitläufer, Täter. Die
Generation der Großeltern, besonders deren
Eltern, gar nicht so lange her.
Abgeschlossen, für unsere Nachkommen meistens
uninteressant, aus einem anderen, ihnen
fremden Jahrhundert.

Der Vietnamkrieg endete Anfang der Siebziger
des letzten Jahrhunderts. Keine dreißig Jahre
nach dem Holocaust, Hiroschima, Nagasaki,
wieder eines der größten Verbrechen der
Menschheit. Hörfunk, Fernsehen, Presse
Quellen des Erfahrens. Vor Ort erleben,
selber die Spuren der Gräuel sehen, macht

stumm, ohnmächtig, wütend auf die
Verursacher. Die vielen Techniker,
Ingenieure, Chemiker, perfiden
Schreibtischtäter in Amerika, die Schlächter
vor Ort, Ledernacken, Green Baretts mit ihren
südvietnamesischen Vasallen. Heute fast
vergessen, verdrängt. Was steht in den
Geschichtsbüchern oder eher nicht über diese
jüngste Vergangenheit?

Der Schock beim Anblick der Präparate der
pathologisch-anatomischen Abteilung. Durch
das massenhafte Versprühen von Agent Orange,
ein Entlaubungsmittel, mit dem
Versorgungswege im Dschungel zur Bekämpfung
durch Kampfflugzeuge erkennbar gemacht,
danach ausradiert wurden. Neugeborene mit 2

5   10   15   20   25   30   35

Köpfen, andere mit Riesenschädeln, mehreren
Armen, Beinen, offenen Unterleib. Für alle
sichtbar, konserviert in Glasbehältern. Die
vielen lebenden, verunstalteten Krüppel in
den Kinderheimen, vergessen von der Welt.
Keine Wiedergutmachung, bis heute.

Die Folterhöllen, die Tigerkäfige, die
größten abgeworfenen Bomben der
Menschheitsgeschichte. Das mächtigste Land
der Welt gegen einen Zwerg. Unvorstellbare
Grausamkeiten, die sich je Menschen
ausgedacht, hier angewendet, perfektioniert,
dokumentiert, fotografiert, gefilmt.
Operation „Phoenix", Aktion der
Geheimdienste, skrupellose Folterer, Berater.
Abwurf lebender, verhörter Gefangener aus

tausenden Meter Höhe über dem Meer, im
Beisein nicht vernommener Häftlinge, um diese
zu zermürben, Geständnisse abzupressen.
Auszahlung von Prämien für abgetrennte Ohren
getöteter Vietcong. Fotos sich rühmender
Ledernacken, mit auf Drahtschlingen
aufgezogenen Bunde abgeschnittener Ohren am
Gürtel oder feixend in den Händen haltend. Da
spielte es keine Rolle ob zufällig ein Bauer
auf dem Feld, Frauen, Kinder im Dorf dafür
getötet wurden. Hauptsache die Anzahl
Menschenohren optimal, Abrechnung, fünfzig
Dollar je Ohr, Geschäft mit dem Tod. Wie
schon vor hundert Jahren mit den Indianern im
eigenen Land zelebriert. Die Liste lang, ein
Schock folgt dem nächsten, schlaflose Nächte,
Albträume werden folgen.

»okvarianteamazonok«
© 2014 Michael Krausse

5   10   15   20   25   30   35

Martin denkt an die Jahre des Krieges zurück,
an die Zeit in der Werft in Hongkong, gelegen
neben einem „Sea-Land" – Containerschiff.
US-Transporter, Nachschub für den Krieg in
Vietnam. Gespräche an der Reling, die
Einladung des netten, dicken Jim zu sich an
Bord. Unterhaltung, Ice Cream aus einem
Monster von Kühlschrank in seiner Kajüte.
Überrascht wie spartanisch die Einrichtung,
nichts Wohnliches, kalt, steril, funktionell.
Blanke Außenhaut, wie auf dem
Ausbildungsschiff in der Blechklasse. Außer
Baseball fällt ihm nichts weiter ein. Zu
Germany nur Hitler, dann Mercedes. Europa,
Rest der Welt für ihn, kein Thema. Amerika
ist die Welt, seine, andere Länder

5   10   15   20   25   30   35

uninteressant, nicht vorhanden, störend. Jim
fährt wegen der Zulagen, wird so nicht zur
Armee gezogen. Vietcong für ihn Chinesen,
Russen, Japaner, gelbe Affen eben. Wenn er es
zu entscheiden hätte: Zehn mal „Little Boy"
auf den Rest der Welt, „Amerika First".
Donald Trump lässt grüßen. Höflichkeit in
allen Ehren, da half nur Flucht, am kommenden
Nachmittag der Spuk vorbei, Reparatur
beendet, Weiterfahrt, nur weg.

5   10   15   20   25   30   35

- Im Krieg gefangen-
  In der Schusslinie

Schneller als gedacht, von heut auf morgen
zwischen die Fronten, in die Schusslinie
geraten. Die Luftangriffe der Amis nahmen
gegen Ende des Krieges zu. Immer mehr,
größere Bomben aller Art regnen auf das
kleine Land nieder. Mehr, als im gesamten
Zweiten Weltkrieg abgeworfen. Geächtete
Waffen wie Napalm, Kugel- und Streubomben,
Chemiewaffen bis zuletzt eingesetzt. Die
drohende Niederlage im Auge feuerte die

5   10   15   20   25   30   35

Weltmacht zu weiteren Kriegsverbrechen an.
Handelsschiffe anzugreifen gehört dazu, als
Versehen abgetan, von der Weltöffentlichkeit
geschluckt, wer legt sich gerne mit dem
Weltpolizisten an? Die Besatzungen der
internationalen Handelsschiffe, deren
Liegezeit, Blockade im Hafen von Haiphong,
über den Beschuss auf sie durch amerikanische
Kampfjets mit Raketen. Durchschuss im
mittleren Laderaum, Dusel für die Crew, es
gab keine Toten.

Dann endlich, Frieden!

- Anschlag der Rebellen-

Die Jahre vergehen, zwei, drei Reisen
unternommen, schon wieder zwölf Monate
vorbei. Weihnachten in den Tropen,
gewohnheitsbedürftig wenn an Deck fast
einhundert Prozent Luftfeuchtigkeit, vierzig
Grad im Schatten. Trotzdem Grund zu feiern,
Telegramme der Lieben von daheim, Festessen
wie bei Muttern. Herausforderung an die
Kombüse, wie das Essen, so die Stimmung.
Meister der Improvisation, immer ein Fest für
die Gaumen, Schiffsköche verdienen es, Sterne
zu bekommen. Für manch ein Kombüsenmitglied
ist der Anfang holprig. Ein Landbetrieb
völlig anders organisiert als ein Schiff. Mit

5   10   15   20   25   30   35

Beistand, Hilfe, festen eigenen Willen, kann
sich jeder einfügen. Wenn Hopfen und Malz
total verloren, absolut kein Erfolg in Sicht,
bleibt der Job an Land, kein Weltuntergang.

Weihnachten ohne Weihnachtsbaum, nicht
denkbar, selbst in den Tropen, im T-Shirt,
kurzer Hose führt da nichts vorbei. Nach
Monaten Aufbewahrung in einem Vorratsraum,
braun anstatt grün, ohne Nadeln kein Problem.
Seeleute sind erfinderisch, geht nicht,
gibt´s nicht. Mit grüner Farbe angespritzt,
Massen von Lametta, Weihnachtsbaumschmuck,
Kerzen, sieht aus wie ein Echter, platziert
in der hinteren Ecke der Mannschaftsmesse.
Weihnachten an Bord, die Zeit der
Feinschmecker. Ein Festessen gefolgt vom

»okvarianteamazonok«
© 2014 Michael Krausse

nächsten. Karpfen gebacken, Gans mit Rotkohl und Klößen, köstliche Desserts.

Die Kombüse besteht meist aus Koch und Bäcker, manchmal zwei Köche und Bäcker, wenn z.b. der Chefkoch den zweiten Koch zum ersten Koch perfektioniert. Die Wirtschaft komplettieren die Stewardessen, ab und zu fährt ein Steward mit. Hier hat der Obersteward den Hut auf, sorgt für Getränke aller Art, verwaltet die Transitwaren, zollfreie Begehrlichkeiten, Alkohol in jeder Form, Zigaretten, Tabak, Schokolade u.v.m. Die Wirtschaft sorgt für Ordnung, Sauberkeit der Offizierskabinen, Aufenthaltsräume, saubere Wäsche.

5   10   15   20   25   30   35

Glücklich an Bord, wer mit einem Mitglied der
Wirtschaft verheiratet, befreundet ist. Ein
Märchen, jeder Seemann hat in allen Häfen ein
Mädchen, Wunschdenken, unrealistisch.
Gekaufte Liebe, bezahlte Zärtlichkeit auf
Zeit, ein einseitiger, vorgegaukelter Rausch
einer Liebesromanze. In der Realität brutales
Geschäft hinter den Kulissen, garantierte
Katerstimmung danach.

Eine feste Beziehung an Bord, fast ein
Lottogewinn in der Glückstombola. Die Welt
der Seefahrt zusammen erleben, Ausflüge zu
zweit, Ansprechpartner, Rückenhalt an Bord.
Optimal, wenn nach Jahren gemeinsamer
Fahrenszeit in der Heimat, oder da wo man an
sich wohlfühlt, ein zu Hause aufgebaut.

»okvarianteamazonok«
© *2014 Michael Krausse*

5   10   15   20   25   30   35

Dann gibt es die Solo-Stewardessen, je länger die Reise, desto umworbener von der Vielzahl der nichtbeweibten Bewerber an Bord. Oftmals Dramen auf der Fahrt, in der Balz um die so Begehrte. Dann je näher die Heimat kommt, die Besinnung auf die wartende Frau, die Familie an Land. Urplötzliche Abkühlung der Beziehung, emsige Geschäftigkeit, keine Zeit mehr.

Nächste Reise neues Glück.

Ein neuer Törn, die nächste Fahrt, der vorherige Bäcker ist zu Hause im Urlaub geblieben, ersetzt durch eine Neueinstellung von Land. Der neue Bäcker hatte vorher in

einer Großbäckerei gelernt, war ein Jahr dort
tätig. Bei der Reederei beworben, angenommen,
jetzt hier auf hoher See. Auf einem Schiff
wird per Hand gebacken, hatte Lutz, der neue
Bäcker in der Theorie gelernt, real nie
praktiziert.

Morgens gibt es täglich frische Brötchen, die
ersten Tage etwas klein geraten, aber
genießbar. Alle paar Tage wird nach Bedarf
Brot gebacken, hier trennt sich dann die
Spreu vom Weizen. Sein Brot, inhaltlich
korrekt, geht nicht auf, platt wie der Teig
in die Form gebracht. Kein Triebmittel, wie
z.b. Hefe, was Teig unbedingt benötigt, um
locker in die Höhe zu treiben. „Atombrot"
tauft die Besatzung sein Erzeugnis, zu fest,

schwer, klumpig, ungenießbar. Der Koch
explodiert fast, hat sowas in seiner Laufbahn
noch nie erlebt, flucht auf die Reederei:
„Die einem so einen Ausschuß schickt." Lutz
wagt einen Versuch einer Rechtfertigung, er
habe nur Maschinen bedient, mit einer
Rohrzange an Schrauben gedreht, real nie
praktisch gebacken.

Es zeigte sich weiterhin, dass Lutz im
Heimathafen nur die Grundbackmittel bestellt,
die Zutaten für Sauer oder Trockenhefe dabei
vergessen hatte. Der Koch war in dieser Zeit
zum Urlaub nach Hause gefahren, seine
Vertretung kümmerte sich nicht um die Belange
des Bäckers, sah sich dafür nicht
verantwortlich.

»okvarianteamazonok«
© 2014 Michael Krausse

5   10   15   20   25   30   35

Zum Glück erinnerte sich der Koch an seine
Lehrzeit, an ein Rezept zur Herstellung von
Sauer mit Kümmel, Branntwein usw. Ein paar
Versuche: Erfolg mit knackigen, knusprigen,
leckeren Broten in verschiedenen Sorten. Lutz
mauserte sich, kniete sich rein, wurde mit
Hilfe des Kochs in kurzer Zeit ein fähiger
Schiffsbäcker. Ab und zu, auf späteren Reisen
oder an Land beim Treff mit einem Bekannten
dieser Zeit darauf geneckt: „Hallo Lutz, was
macht dein Atombrot?".

Nach der Passage des Mittelmeeres, durch den
Suez-Kanal, Indischen Ozean, erreichen wir
Malaysia. Ankern vor Port Klang, der Hafen
klein, hier werden nur wenige Schiffe

»okvarianteamazonok«
© 2014 Michael Krausse

gelöscht oder beladen. Nach einem
Einkaufsbummel ist es Tradition geworden, im
„Ocean View" mit einem Imbiss, Drink, den
Landgang bis zur Abfahrt der Barkasse zu
beenden. Ausruhen von der Hitze des Tages,
entspannte, legere Atmosphäre, hier trifft
man öfters alte Bekannte anderer Schiffe. Ein
Plausch, Austausch von Erlebnissen,
Erinnerungen, dann zurück zum Dampfer. Der
Weg zur Anlegestelle der Barkasse führt an
einem Tanklager vorbei, das für die
Versorgung der Stadt, Region mit Treibstoff
verantwortlich ist. Regelmäßig liegen große
Tankschiffe an dessen Pumpstation. Kurz nach
Mitternacht sind die Landgänger wieder an
Bord. An der Gangway, in der Maschine haben
die Nachtwachen ihre Schicht angetreten. Ein

»okvarianteamazonok«
© 2014 Michael Krausse

5   10   15   20   25   30   35

riesiger Feuerpilz mit Detonation steigt über
dem Tanklager auf, gefolgt von einer enormen
Druckwelle, die das Schiff erbeben lässt. In
Sekunden sind alle an Deck, erblicken ein
Inferno aus Flammen, Qualm, weitere
Explosionen. Sirenen der Feuerwehr, Polizei,
Armee sind zu hören. Die Beteiligten an Land
sehen vom Schiff aus wie Ameisen. Zu erkennen
die verzweifelten Versuche, die Brände
einzudämmen, Herr der Lage zu werden, die
Feuer zu löschen. Wie bei einem makaberen
Schauspiel, Zuschauer in sicherer Entfernung,
die Besatzungen der Schiffe auf Reede. Sie
werden Zeugen, wie eine plötzliche Explosion
einen Feuerwehrwagen samt Mannschaft, in der
Umgebung befindliche Menschen durch die Luft
schleudert, zerfetzt, tötet, verstümmelt.

»okvarianteamazonok«

Bruchteile von Sekunden erscheinen wie in Zeitlupe, unwirklich langsam prägen sich die Bilder ein. Mit schreckgeweiteten Augen, stumm vor Entsetzen die unfreiwilligen Zuschauer eines Dramas. Trümmerteile fliegen in Richtung der Schiffe, erreichen diese aber nicht. Es dauert einige Zeit, eh die ersten zur Besinnung kommen, die Schiffsführung mit dem Hafen über Funk Kontakt aufnimmt und dabei erfährt, dass einheimische Rebellen einen Anschlag verübten. Die Druckwelle hat an Bord ebenfalls Schäden verursacht. Gazeschotten aus Holz, die Insekten zum Schiffsinneren abhalten, wenn die Außentüren aus Metall geöffnet sind, wurden aus den Angeln gehoben, weggeschleudert. Zwei Matrosen, die zum Zeitpunkt der Detonation an

der Gangway und an Deck waren, erlitten
kleinere Schäden am Trommelfell. Für Tage
beim Hören beeinträchtigt, das legte sich
aber mit der Zeit wieder. In den kommenden
Stunden berichten die Medien weltweit über
dieses Drama. Wir erfahren, dass der Anschlag
über fünfzig Opfer kostete, religiöse
Fanatiker dafür verantwortlich waren. Nicht
nur heute, früher auch schon.

- Schweine, Krokodile, Schlangen, andere Passagiere-

Über neunzig Prozent des Welthandels wird weltweit verschifft, somit ist fast alles verschiffbar. In den Laderäumen befinden sich Stückgut, Maschinen, Unterhaltungselektronik und vieles mehr. Die Übersicht darüber hat der Ladungsoffizier. Er ist verantwortlich für Staupläne, die Auskunft geben, welche Ladung wo im Schiff zu finden, wann verstaut, um in der Reihenfolge der anzulaufenden Häfen gelöscht zu werden. Eine Wissenschaft für sich, penible Handarbeit, in der heutigen Containerschifffahrt von Computern übernommen.

5   10   15   20   25   30   35

Ladehäfen Hamburg, Bremen absolviert, die
Maas aufwärts im Waalhaven von Rotterdam
festgemacht. Am kommenden Tag werden
holländische Zuchtschweine mit Zielhafen Kobe
in Japan an Deck verladen. Hunderte Sauen
stehen in Metallgehegen auf den fünf
Ladeluken und an Deck des Frachters.
Zuchteber werden in einzelnen, geschlossenen
Holzboxen an Deck des Achterschiffes
abgestellt. Für die Betreuung, Fütterung mit
Kraftfutter ist ein japanischer Züchter
zuständig.

Die Tage durch den Ärmelkanal, Biskaya,
verlaufen ohne Probleme. Da der Suezkanal
durch den Sechstagekrieg Israel-Ägypten
gesperrt, wird die längere Route um das Kap

der Guten Hoffnung gewählt. Im Roten Meer
kommt die Hitze. Um einen Hitzschlag der
Sauen zu vermeiden, werden notdürftig
Sonnensegel über die Metallgehege gespannt.
Obwohl zusätzlich regelmäßig mit Wasser
besprüht, überleben einige Tiere die
Strapazen nicht, enden als Fischfutter im
Meer.

Nach der Hälfte der Reise herrscht große
Aufregung auf dem Achterschiff, bei den Boxen
der Zuchteber. Ein Tier hat in tagelanger,
mühevoller Kleinstarbeit mit seinen Hauern
die Kanthölzer, Bretter der Transportbox
durchgebissen. Die Nachbarschaft der Sauen,
die scheinbare Nähe der Schweinedamen, ihr
Geruch ihn beflügelte, sich durchzubeißen.

»okvarianteamazonok«
© 2014 Michael Krausse

5   10   15   20   25   30   35

Außerhalb der Box, am Sauengehege,
unmittelbar am Objekt der Begierde, rutscht
er auf dem nassen Deck aus, verklemmt,
verkeilt sich fest unter dem Lukensüll.
Ohrenbetäubendes Gequieke des Ebers, der
willigen Sauen, die ihr Hinterteil ihm
darbieten, weiter antörnen, ihn somit immer
mehr in Rage bringen, er sich so gänzlich
einquetscht. Das arme Tier, weder vor noch
zurück möglich. Die Augen rot unterlaufen,
vor Wut eingeklemmt, bei den Sauen nicht zum
Zuge gekommen zu sein. Die Schweinedamen
spornen ihn weiter mit ihrem Quieken an, das
Spektakel ist über das gesamte Schiff zu
hören. Eine nicht alltägliche Situation, es
muss sofort reagiert, gehandelt werden, um
das Tier aus seiner misslichen Lage zu

»okvarianteamazonok«
© 2014 Michael Krausse

befreien. Verletzungsgefahr für Mensch und
Tier ist zu vermeiden, doch wie an den
wütenden Eber herankommen? Dessen Erregung,
steigende Wut sich mit Schaum vor der
Schnauze äußert. Das Tier schlägt wild mit
dem Kopf gegen benachbarte Boxen, deren
Bewohner in das Geschrei einstimmen.
Inzwischen haben der Bootsmann und zwei
Matrosen breite Transportgurte am achteren
Bordkran eingehakt. Diese gehören zu einer im
vorderen Laderaum transportierten Segelyacht.
Die extrabreiten Textilgurte, gedacht, um
Schrammen, Kratzer am Lack der Yacht zu
vermeiden, sind jetzt ideal zur Vorbeugung
innerer Verletzungen und Quetschungen am
Tier. Wie gefahrlos die Gurte unter das Tier
bekommen, das wie wild strampeln wird, wenn

5   10   15   20   25   30   35

der Kran die Gurte anzieht? Wie das Tier
beruhigen? Der japanische Tierpfleger weiß
Rat, spritzt ein Beruhigungsmittel, nach der
nötigen Einwirkzeit werden die Gurte mit
Drahthaken unter dem Tier durchgezogen,
fixiert. Inzwischen wurde einer Transportbox
das Dach entfernt, der Kran, geführt vom
Bootsmann, Fingerspitzengefühl ist gefragt,
hebt langsam den Eber über das Holzgestell,
dreht, bis das Tier genau längs über der
Kiste steht. Zwei Mann justieren mit Seilen
den Transport, um zusätzliche, selbständige
Drehungen zu verhindern. Im richtigen Moment
fiert der Bootsmann das Tier in die Kiste,
dieses fällt schläfrig auf die Seite, grunzt,
schläft weiter. Die Sauen in den Gehegen auf
der Luke, an Deck und die anderen Eber haben

sich beruhigt. Der Alltag, der gewohnte
Seetag hält wieder Einzug. Die Tiere erhalten
ihre Abkühlung in Form einer Dusche mit dem
Trinkwasserschlauch, die an der Aktion
Beteiligten ebenfalls in Form einer Kiste
kühlen Bieres.

Der Tierpfleger erhält die Anweisung,
Augenmerk auf Bissspuren an den Holzställen
zu halten. Deckcrew, Bootsmann, fast jeder an
Bord hat ebenfalls einen Blick auf die Boxen.

In Kobe werden die Schweine entladen, der
Schwund durch Hitzschlag hielt sich in
Grenzen. Da wo die Ställe, Gehege standen,
ist ein neuer Farbanstrich notwendig, der
vorherige durch die Ausscheidungen weggeätzt.

5   10   15   20   25   30   35

Der Rest der Ladung wird in Yokohama
gelöscht, dann zugeladen. Für die Rückreise
kommen neue Deckpassagiere an Bord, z.B. eine
weltbekannte Artistenfamilie. Diese war auf
der Weltausstellung in Osaka aufgetreten,
jetzt nach Ende der EXPO und zusätzlichem
Aufenthalt in Japan, auf der Heimreise in die
Schweiz, Berühmtheit erlangt durch Arbeit mit
Krokodilen, Alligatoren, anderen Exen und
Riesenschlangen. Im Flieger war ein Transport
nicht möglich, zu teuer, zu aufwendig, daher
der Seeweg mit dem Frachter, unserem Schiff.
Da, wo achtern die Schweine standen, befinden
sich jetzt die Wagen mit Krokodilen,
Riesenschlangen verschiedener Art. Freudiger,
willkommener Anlass für die Besatzung,
Abwechslung garantiert durch Filmvorführungen

der Artistengruppe von der Tournee in der
Messe am Abend. Nicht alltägliche Fütterungen
vor Ort, wer hat schon ein Krokodil oder
Riesenwürger zu Hause? So vergehen die Tage
schneller als gewohnt mit den alle paar Tage
durchgeführten Fütterungen. Der Bordbetrieb
läuft ansonsten wie üblich, jeder hat seine
Aufgaben zu erledigen, doch nach Feierabend
ab in den Zirkus.

Tiere, Exoten erkranken wie Menschen, eine
Riesenschlange, acht Meter Länge, stirbt an
Krebs. Autopsie in der Wäscherei, im
Achterschiff enthäutet. Der Gestank
bestialisch, dank leistungsstarker Lüfter
nach zwei Tagen verflogen.

»okvarianteamazonok«
© 2014 Michael Krausse

5   10   15   20   25   30   35

Passagiere auf Frachtschiffen, netter
Zuverdienst für Reedereien: Blick hinter die
Kulissen eines Frachters für Interessierte
und Neugierige an der wahren Seefahrt. Da
Festmachen, wo die Wirklichkeit zu Hause,
nicht der Glanz der Kreuzfahrtschiffe die
Realität überstrahlt. Hier hat der Passagier
die Möglichkeit, in Begleitung sachkundiger
Maschinisten, Ingenieure den Maschinenraum,
das Herz eines Frachters, zu erkunden. Er
kann fast zu jeder Zeit auf der
Kommandobrücke Navigation, Manöver, Technik
beobachten oder Möwen, Albatros, Delfinen,
Waal, Fliegenden Fischen in den Mors schauen.

Viele Frachter werden mit Passagierkabinen
gebaut, je nach Größe zwei, drei Kabinen,

zusätzlich Eignerkabinen für Angehörige der
Reederei, Lotsenkabine in der Nähe der Brücke
für längeren Aufenthalt des Lotsen an Bord.
Die Kabinen sind als Einzel- oder
Doppelkabinen nutzbar, ein Zusatzgeschäft für
die Reedereien, je nach Einsatzgebiet
ausgelastet oder weniger gebucht.
Unterbringung wie in einem Hotel mit
Vollpension, die Kosten vergleichbar.
Bettwäsche, Handtücher werden gestellt, pro
Woche eine Reinigung der Kabine. An Bord sind
Fitnessraum, Pool, Liegestuhl für Seetage
nutzbar, Bedingungen an Bord wie für die
Besatzung. In der schnellen heutigen Zeit
eine Möglichkeit der Entschleunigung, zur
Ruhe zu kommen.

5   10   15   20   25   30   35

So haben wir viele Passagiere weltweit
transportiert: den Eisenbahner nach Mexiko,
das Rentner-Ehepaar nach Rio, Hippies nach
Hongkong, Ehefrau nach Kuba uvm.

Die Hippies, sechs Weltenbummler aus der
Schweiz, aufgestiegen in Rotterdam, sind auf
dem Trip nach Hongkong, dort ist ein
Aufenthalt geplant, dann weiter nach
Australien, Globetrotter. Die drei Pärchen
wohnen in den Passagierkabinen im mittleren
Deck, sind anfangs unscheinbar, unauffällig.
Unterwegs auf See merklich aufgetaut, für
Gesprächsstoff sorgend, indem ihre lockeren
Beziehungen nicht unbemerkt bleiben. Es fällt
auf, dass jeden Morgen andere Partner der
Truppe aus den drei Kabinen kommen, manchmal

drei, vier oder alle in einer Wohnstatt nächtigen. Dazu kommen allbekannte Gerüche verbotener Rauchwaren, Partygeräusche bis zum frühen Morgen, nervend für die Insassen der Nachbarkabinen, die ihres Erholungsschlafes für anstrengendes Tagwerk beraubt. Die Schiffsführung befürchtet ansteckende Auswirkungen auf die Mannschaft. In einer Bordversammlung der Besatzung wird der Bereich der drei Passagierkabinen unter Quarantäne gestellt, ist nach Möglichkeit zu meiden. Wie immer sind verbotene Dinge anziehend, wen wundert es, dass der eine oder andere der Besatzung rein zufällig in der mit Tabu belegten Zone anzutreffen ist. Besonders auffallend in den frühen Morgenstunden, wenn schleichende, flüsternde Gestalten durch die

Gänge huschen, dann zerknittert, gähnend am
Frühstückstisch sitzen, bei der Arbeit
versuchen, sich für die kommende Nacht zu
generieren. Stoff ist ausreichend für alle
da.

Für einige der Besatzungsmitglieder ist der
Hafen von Hongkong zu schnell erreicht, diese
könnte Reise Monate, ja ewig weiter so
verlaufen. Wie im Paradies!

„Endlich Hongkong", Stoßgebet der
Schiffsführung, schnell runter mit der Bande,
die nur Unruhe im Bordbetrieb verbreitet. Die
Reede von Hongkong ist erreicht, Zahlung der
Reise steht für die Globetrotter an, vorher
kommt niemand vom Schiff. Ein Boot zum

»okvarianteamazonok«
© 2014 Michael Krausse

Transfer an Land liegt längsseits, die
Passagiere sitzen beim Kapitän, doch der
Scheck nicht gedeckt. Stunden vergehen,
Drohung mit der Polizei, Gefängnis.
Einschaltung schweizer Diplomaten, nach
weiteren Stunden Warten, endlich Anruf von
einem Papa der illustren Truppe. Hat eine
Kaution hinterlegt, Freikauf erledigt,
Abmarsch, vorher sicherheitshalber Aussprache
eines Haus- und Schiffverbotes durch den
Kapitän.

Wir, die Besatzung sind uns alle einig, das
war doch kurzweilig, denken zwinkernd gerne
an diese Zeit zurück.

5   10   15   20   25   30   35

- Flagge tippen-

Spannungen im Persischen Golf zwischen Iran
und Irak, Krieg liegt in der Luft. Fracht
wird fast immer transportiert, Geschäft ist
Geschäft. Von Venedig pendeln wir,
verchartert an eine bekannte italienische
Ölfirma, in den Golf, hin und her.
Bohrausrüstungen, Maschinen, Rohre, LKW mit

»okvarianteamazonok«
© 2014 Michael Krausse

Aufbauten für Labore, Instrumente zur Ortung des begehrten Rohstoffs befinden sich an Bord. Zwei Wochen dauerte die Beladung in Venedig, ausreichend Zeit, die Stadt an der Lagune, der Kanäle, Gondeln, Dogenpalast mit Seufzerbrücke zu erkunden. Das Schiff ist bis zur Brücke mit Decksladung zugestaut.

Nach Verlassen der Lagune von Venedig erreichen wir nach zwei Tagen Alexandria, passieren den Suezkanal, das Rote Meer, umschiffen die Arabische Halbinsel, fahren nach wenigen Tagen in den Persischen Golf ein. Kurzer Zwischenstopp in Kuwait, den wir für einen Bummel an Land nutzen. Der Staat schwimmt auf Öl, sein Reichtum legendär, Einheimische erhalten eine Art Pension, sind

so nicht gezwungen, für den Unterhalt tätig
zu sein. Wenn Arbeit, nur in den
Führungsetagen. Fremdarbeiter aus den ärmeren
Nachbarstaaten erledigen hier das Notwendige.
Berühmt der Goldbasar von Kuwait.

Für Seeleute lukrativ ist die Blutspende in
der Blutbank, willkommene Gelegenheit, seine
Barschaft für einen Einkauf aufzubessern.

Zwei Tage später ist der Shat al-Arab,
Grenzfluss zwischen Iran und Irak, erreicht,
der Zusammenfluss von Euphrat und Tigris,
schon immer Zankapfel der Anliegerstaaten.
Auf beiden Seiten Wüste, herrscht eine Hitze
wie vor einem Schmelzofen. Martin hat heute
die Aufgabe, mit den Staatsflaggen vom Iran

oder Irak die jeweiligen Staaten zu grüßen.
Er steht am hinteren Mast, der Wachoffizier
auf der Brücke gibt ein Zeichen wann die eine
oder andere Flagge zu hissen ist. Je nach
Flussverlauf, ob das Schiff näher an der
iranischen Seite fährt, die iranische Flagge
nach oben. Wechselt der Kurs, das Schiff auf
die andere, irakischen Seite, schnell die
iranische Flagge runter, irakische hoch.
Beobachtet von den Posten an Land. Schiffe,
die diese Wechselspiele ignorieren, warten
zur Strafe wochenlang vor dem gewünschten
Hafen. Unterwegs zum iranischen Hafen
Khorramshar, löschen, danach wird der Rest
der Ladung im irakischen Basra ausgeladen.

Die Hitze brennt erbarmungslos, der heiße,

5   10   15   20   25   30   35

trockene Wüstenwind föhnt den Schweiß von der
unbedeckten Haut, der Stirn, ehe er sich
gebildet hat. Kaugummi, eine beliebte Hilfe
gegen ständigen Durst, zerkrümelt mangels
Speichelflüssigkeit trocken im Mund. Die
Hitze lässt das stählerne Schiff fast glühen,
auf der Stelle stehen ist nicht möglich. Wie
auf einer heißen Herdplatte der Zwang,
abwechselnd die Füße auf und ab zu bewegen,
imaginär eine Treppe zu besteigen.
Unvorstellbare Mittagshitze an Deck, die
Fahrt auf dem Fluss Shat al-Arab, mitten
durch die Wüste. Martin hat das Gefühl, vor
einem Glutloch eines Hochofens zu stehen, die
Härchen der Nase versengen wie in einer
überhitzten Sauna. Berühren von metallenen
Schiffsteilen birgt die Gefahr von

Brandwunden, ist nur mit Handschuhen möglich. Generell werden in diesen Gebieten alle Außenarbeiten, das Löschen der Ladung am späten Abend, über Nacht bis zum frühen Morgen erledigt. Wer nicht unbedingt an Deck zu arbeiten hat, bleibt im Schiff. Klimaanlage in diesen Breiten - eine wahre Errungenschaft.

Die letzten Güter sind von Bord, am späten Nachmittag verlässt das Schiff den Hafen, kurz danach wird der Lotse vom Lotsenboot abgeholt. Am Abend war Transitausgabe, während der Liegezeit an Land ist die Transitlast vom Zoll verplombt, eine Ausgabe von Zigaretten, Alkohol und anderen zollfreien Transitwaren im Hafen nicht

vorgesehen. Nur bei langen Liegezeiten
besteht die Ausnahmeregelung, eine Ausgabe
beim Zoll zu beantragen, der diesen, sonst
unter ständigem Verschluss gehaltenen Raum
für die Transitwaren-Ausgabe freigibt, danach
sofort wieder versiegelt. Außerhalb der
staatlichen Hoheitsgewässer, im zollfreiem
Gebiet, auf hoher See, erfolgt die Ausgabe
der begehrten Drogen. Der Stimmungspegel der
Besatzung ist wieder im Aufwind, Partylaune,
wer Freizeit hat, sitzt zusammen, klönt über
Erlebnisse, alte Zeiten, schmiedet
Zukunftspläne.

- Mann über Bord-

An Bord befindet sich ein Maschinenhelfer,
sein Spitzname „Blacky", erst neu
aufgestiegen, von der Stammbesatzung nicht
akzeptiert, ausgeschlossen, überwiegend aus
eigenem Verschulden. Außenseiter schon im
Betrieb an Land, laut, überheblich, seiner
Defizite bewusst, sich selber zum Clown
machend. Zwar lacht man über seine
verkrampften Späße aus Höflichkeit, in
Wahrheit wird er eher belächelt, verhöhnt. In
dieser Spirale gefangen, versucht er durch
immer neue Späße, Streiche und Albernheiten

5   10   15   20   25   30   35

Anerkennung zu erlangen. Doch wie schon an
Land, erntet er stets das Gegenteil, Spott,
Ablehnung, Verachtung. Keiner klärt ihn auf,
spricht mit ihm, somit wird er sich nie
verändern, bleibt von sich, seiner
umwerfenden Art überzeugt.

Mitternacht vorbei, Blacky hat mitgefeiert,
steht rauchend am Achterschiff, wenige Meter
von ihm reinigt Kalle, der wachhabende
Matrose der Null-Vier-Wache, Stauholz an Luke
fünf, dem hintersten Laderaum. Blacky hat
beim Schnaps zugelangt, fühlt sich in
Höchstform für einen Gag. Jeder an Bord wird
über ihn staunen, ihn bewundern, er hat die
geniale Idee. Er wird der Held des Abends,
für Abwechslung, Action sorgen, großartig.

»okvarianteamazonok«
© 2014 Michael Krausse

5   10   15   20   25   30   35

Der Einfall des Jahrhunderts, er schwelgt vor
Selbstherrlichkeit, könnte sich vor Eitelkeit
selber küssen.

Er schaut zu Kalle, der keine zehn Meter
entfernt arbeitet. Blacky ist überzeugt, von
ihm bemerkt worden zu sein, setzt sich aufs
Schanzkleid, hält sich fest am Flaggenstock,
an der hintersten Spitze des Frachters. Unter
ihm formt die Schiffsschraube die Strudel des
Schraubenwassers, das Gepolter der
Rudermaschine tönt aus dem offenen Schott der
unter ihm befindlichen Hydraulik der
Ruderzylinder. Der Lärm der Aggregate schallt
durch die dünnen Stahlwände der benachbarten
Wäscherei. Kalle ist räumlich nur wenige
Meter entfernt, akustisch durch das Gepolter

5   10   15   20   25   30   35

im Achterschiff zu keiner Wahrnehmung in der
Lage, so in die Arbeit vertieft, in Gedanken
bei den Lieben zu Hause, sieht und hört
nichts von seiner Umgebung. Fatale
Fehleinschätzung von Blacky, der Kalle so nah
neben sich wähnt, glaubt, dass der ihn sieht,
hört, wahrnimmt. Mit einem „Juhu"-Schrei
lässt er sich nach hinten fallen. Kalle
arbeitet im gleichen Takt wie zuvor, hat
nichts gehört, nichts gesehen, schaut nur auf
seine Arbeit, ist in Gedanken weit weg.

Am nächsten Morgen, Frühstück, die
Mannschaftmesse ist voll, jeder auf seinem
Stammplatz, es stört sich niemand am freien
Platz von Blacky, keiner fragt nach. Zu
intensiv gefeiert, getrunken, jedem seine

Sache. Acht Uhr, Arbeitsverteilung der Maschinen-Crew, Blacky fehlt, Suche in der Kabine - Fehlanzeige. Der Chief, Chef der Technik, weist diejenigen, die mit ihm feierten, an, die Aufbauten, Duschen, Toiletten und Freizeiträume zu durchsuchen - ebenfalls kein Ergebnis. Das Schiff fährt mit voller Kraft weiter. Die Brücke, der Kapitän werden vom Chief informiert. Borddurchsagen führen zu keinem Erfolg, Blacky bleibt verschwunden. Mehrere Gruppen durchsuchen alle frei zugänglichen Räume, Lager, Spinde, Magazine, die CO2-Station, den Maschinenschacht, Laderäume, das Schiff von oben nach unten. Eine weitere Stunde vergeht, Blacky bleibt verschwunden. Erst jetzt die Gewissheit, ein Besatzungsmitglied fehlt,

»okvarianteamazonok«
© 2014 Michael Krausse

5   10   15   20   25   30   35

vermisst. Der Kapitän bringt das Schiff auf Gegenkurs, zurück, möglichst nah an den Punkt, wo Blacky zuletzt gesehen wurde. Alle Nachfragen ergeben ein Zeitfenster seines Verschwindens gegen Null-Uhr, vor zehn Stunden. Diese Zeit wieder zurück ergibt zwanzig lange Stunden, seit Blacky außenbords gefallen und ohne Rettungsmittel, wie Schwimmweste, Rettungsring, im Wasser verbracht hat.

Kalle, der Wachmatrose, glaubt sich zu erinnern, in der fraglichen Zeit einen Ruf gehört zu haben. Trotz mehrmaligem Umdrehen hatte er aber nichts bemerkt, glaubte so, sich geirrt zu haben. Nach zehn Stunden ist das Gebiet erreicht. Posten in den Masten,

Brückennocks, Peildeck, suchen mit
Ferngläsern die Wasserwüste ab. Alle in der
Nähe fahrenden Schiffe informiert, gebeten
sich ebenfalls an der Suche zu beteiligen.
Landstationen der Anliegerstaaten
benachrichtigen nahe Bohrinseln,
Privatyachten, alle in der Umgebung
befindlichen Fahrzeuge über die Situation.

Ein Großteil eines schwimmenden menschlichen
Körpers, für von oben Suchende unsichtbar
unter Wasser, nur der Kopf, in der Größe
eines Balls, einer kleinen Boje, sichtbar
über Wasser. Keine optimalen Chancen gefunden
zu werden, bei Wellenkämmen um die Seestärke
sieben, so wie jetzt, unmöglich. Der Frachter
durchkämmt acht Stunden systematisch das

5   10   15   20   25   30   35

Gebiet, die Dämmerung setzt ein, die Suche
wird offiziell eingestellt. Achtundzwanzig
Stunden, länger als ein Tag in der prallen
Sonne, das Wasser verstärkt diese wie ein
Brennglas, ohne einen Schluck zu trinken.
Zusätzlich die Nacht, unmöglich zu schaffen,
dazu im trunkenen Zustand.

Bei den Mahlzeiten herrscht eine gedrückte
Stimmung, die Blicke verweilen am leeren
Stuhl von Blacky. Am kommenden Morgen wird
die Flagge auf halbmast gesetzt, Blacky für
verschollen erklärt, die Verwandtschaft zu
Hause von der Reederei informiert. Der Alltag
kehrt zurück.

Am dritten Tag nach seinem Verschwinden

»okvarianteamazonok«
© 2014 Michael Krausse

5   10   15   20   25   30   35

erreicht das Schiff eine Information aus
Kuwait. Blacky liegt mit schweren
Verbrennungen, der ganze Körper von Blasen
überzogen, dehydriert, absolut entkräftet in
einer Klinik. Er wird überleben, nach
Erholung in ca. zwei Wochen nach Hause
geflogen. Das schier Unmögliche wurde wahr.
Zwei Tage trieb Blacky im Meer,
achtundvierzig Stunden Überlebenskampf, fast
am Ende, ohnmächtig werdend, vor ihm eine
unbemannte Bohrplattform mit einer Treppe für
anlandende Serviceboote, zugehörig zu einem
zur Förderung vorbereiteten Bohrfeld.
Weiteres Glück, Überwachungskameras auf der
Plattform hatten Blacky registriert, wenig
später brachte ihn ein Schnellboot zur
nächsten bemannten, in Betrieb stehenden

5   10   15   20   25   30   35

Bohrinsel, von dort wurde er mit einem
Helikopter zur Klinik an Land geflogen.

Aufmerksamkeit doch noch an Bord erreicht,
aber für welchen Preis!? Gelacht hat an Bord
keiner, eher verwundert, ja Anerkennung vor
der Leistung, dem Überlebenswillen. Ihn an
Bord sehen will niemand mehr, die Reederei
wird dafür sorgen, ihm umgehend kündigen.
Spinner werden auf einem Schiff nicht
gebraucht. Mit etwas Glück bleiben ihm
Regressforderungen erspart, die verursachten
Kosten enorm.

5   10   15   20   25   30   35

- Außenbords, 48 Stunden allein im Meer-
Aus Blackys Sicht

Blacky, angetrunken, euphorisch, glaubt mit
dieser Idee, die Anerkennung der Kameraden zu
erhaschen. Im Fallen schon die Ernüchterung,
der harte Aufprall aufs Wasser, das
Umherschleudern durch die Wucht der
Schraubenwirbel. Im Nu ist Blacky hellwach,
die Augen brennen durch das Salzwasser, er
prustet, hat Wasser geschluckt, da länger
untergetaucht, wie in einer riesigen
Waschmaschine durchgeschleudert. Die
Hecklaterne des Schiffes entfernt sich

gleichmäßig, schnell, zu schnell. Schneller
als gedacht, jetzt wäre es an der Zeit, dass
das Schiff anfängt sich zu drehen, nach einer
großen Kurve abstoppt, ein Boot zu Wasser
gelassen, er aufgenommen, gerettet wird. Die
Geräusche werden leiser, die Laterne ist nach
zwanzig Minuten hinter den Wellentälern
verschwunden. Er ist allein in der
Wasserwüste, so weit er schaut, nur Wasser.
Keine Schwimmweste, kein Rettungsring, die
ihn tragen, entlasten. Wie in einer
Schockstarre gelähmt, nicht in der Lage,
klare Gedanken zu fassen, treibt er alleine
in der See. Das Wasser ist warm, fast
Körpertemperatur, der hohe Salzgehalt gibt
Auftrieb, reflexartig hat er die Rückenlage
eingenommen. Nach und nach realisiert er

seine Lage, kommen die Lebensgeister zurück.
Am Horizont glaubt er ein permanentes
Leuchten am Himmel zu erkennen. Es erinnert
ihn an die vielen Bohrinseln im Persischen
Golf, die auf der Hinreise passiert wurden.
Mit langsamen Schwimmbewegungen versucht er,
in diese Richtung voranzukommen. Schafft er
es, bis Sonnenaufgang Land zu erreichen, ein
Schiff zu treffen, wenigstens eine Insel,
dann jetzt die Kühle nutzen, vorankommen,
bevor die tödliche Hitze einsetzt. Einen
Gluttag im Wasser, er verdrängt diese
Gedanken, nicht daran denken, sich das nicht
vorstellen, wie von selber fängt er an, sich
schneller zu bewegen. Nach einer knappen
Stunde legt er eine Pause ein, liegt auf dem
Rücken, macht den „Toten Mann", regeneriert

5   10   15   20   25   30   35

sich, wie die Situation es hergibt. Der
Auftrieb durch den hohen Salzgehalt enorm,
das Wasser warm, da am Tage durch den
Glutofen der nahen Wüste aufgeheizt, er kühlt
kaum aus, glücklicher Umstand, wenigstens
das. Er schwimmt weiter, die Arme, Beine
werden immer schwerer. Die kürzlich in Kuwait
erworbene Jeans zieht ihn an den Beinen
merklich nach unten, wird mehr und mehr zum
Ballast. Kurzentschlossen streift er sie Bein
für Bein herunter, nimmt Fuß für Fuß aus den
engen Röhren heraus. Endlich hält er die Hose
vor sich an der Oberfläche, überrascht staunt
er über den enormen Auftrieb der Hose. Der
neue, steife Jeansstoff liegt sofort wie ein
Brett vor ihm, schwimmt ohne Hilfe,
selbständig, allein durch den Auftrieb,

»okvarianteamazonok«
© 2014 Michael Krausse

zusätzlich belastbar für ein geringes
Gewicht. Somit Entlastung in der Summe,
Hilfsmittel für Erholungsphasen, Ruhepausen,
die Blacky jetzt einlegt, zusätzlich Kräfte
sammelt. Fortbewegung, indem er die Jeans vor
sich ausbreitet, die Arme weit auseinander
auf die Hose legt, mit den Beinen paddelt wie
beim Kraulen oder Brustschwimmen, schwimmt
wie ein Frosch. Die Stunden vergehen, schnell
steigt die Sonne vom Horizont auf, brennt
nach kurzer Zeit erbarmungslos auf Kopf und
Oberkörper. Das Wasser verstärkt die Wirkung,
alle paar Minuten ändert er seine Stellung,
schwimmt auf der einen Seite, dreht sich auf
den Rücken, den Bauch, die andere Seite. Sein
Mund ist trocken, die Zunge dick,
geschwollen, die Versuchung, Seewasser zu

trinken, wird von Stunde zu Stunde größer.
Eine Stimme in ihm mahnt eindringlich: „Kein
Meerwasser trinken, sonst bist du bald tot!
Kein Wasser, kein Tropfen! Du bist stark,
kein Tropfen!" Immer wieder dieser Satz, der
ihn wie eine Endlosschleife mahnt, abhält,
das so nahe Nass zu schlucken, nur den Mund
zu öffnen, sich zu laben, den übermächtigen
Durst zu stillen. Die Sonne brennt
erbarmungslos, nach Stunden haben sich trotz
ständigen Wendens Blasen gebildet, die nach
weiteren endlos vorkommenden Stunden
aufgehen. Die Haut wird rissig, platzt auf,
das Salzwasser brennt wie Feuer, höllische
Schmerzen, die ihn aber wachhalten. Er liegt
reglos, gestreckt, maximale Fläche wie
möglich bildend, auf dem Wasser. Trotz

»okvarianteamazonok«
© 2014 Michael Krausse

enormer Schmerzen, das Salzwasser frisst sich
wie Säure in sein entzündetes Fleisch, ändert
er weiter regelmäßig die Position. Jegliches
Zeitgefühl hat ihn verlassen, einen Teil des
einen Hosenbeins der Jeans hat er als
Sonnenschutz über den Kopf gezogen als
Abhilfe, so hofft er, gegen einen Hitzschlag.
Langsam dämmert er in die Bewusstlosigkeit
hinüber, ein Ende der Qual, Erlösung,
Ertrinken absehbar. Da streift ihn etwas am
Bein, Wellen schütteln ihn durch, Schreck,
Angst mobilisieren die letzten Lebensgeister,
schütten Adrenalin aus. Er ist hellwach, die
Sonne im Untergehen. Vor sich sieht er die
Schwanzflossen von einem Schwarm Tümmler,
diese verschwinden mit hoher Geschwindigkeit,
ein, zwei mal sind die Rücken und Flossen

5   10   15   20   25   30   35

noch zu sehen, tauchen dann in der Weite des
Meeres unter. Er lebt, fast schon bewusstlos,
durch die großen Fische zum Leben erweckt,
die Hände halten verkrampft die Jeans. Er
schaut an sich herab, alles knallrot,
Verbrennungen, Blasen an Blasen, teilweise
geplatzt, wundes Fleisch am Hals, Oberkörper,
Armen und Beinen. An den Schmerz hat er sich
gewöhnt, die offenen Brandblasen durch das
Salzwasser gespült, ausgelaugt, nicht blutig
oder blutend. „Zum Glück", durchfährt es ihn,
da Haie hier und im benachbarten Roten Meer
in großer Zahl zu Hause sind. Er versucht,
nicht daran zu denken, bisher verschont von
ihnen, wenn ein Hai kommt, dann hoffentlich
schnell ein Ende. Die Kühle des Abends
lindert seine Leiden, der Durst unerträglich,

»okvarianteamazonok«
© *2014 Michael Krausse*

5   10   15   20   25   30   35

er saugt an der Naht der Hose, die
aufgeplatzten Lippen brennen, sein Schlund
rau, wund, wie gefüllt mit heißem Sand. Das
Verlangen, nur den Mund zu öffnen, zu
trinken, wird immer drängender, fordernder.
Wie lange dagegen anzukämpfen ist er noch in
der Lage? Traumbilder einer sprudelnden
Quelle, ein Pool, eine Wasserfontäne nehmen
immer mehr Form, konkretere Gestalt an. Vor
seinem Gesicht erscheint wie eine Fata
Morgana ein Trinkbrunnen, wie in südlichen
Ländern üblich. Wasserhahn auf, der
köstliche, labende, kühle, himmlische Strahl
steigt empor, direkt in den offenen Mund.
Träume wiederholen sich, drehen sich nur noch
um Wasser, Trinken.

»okvarianteamazonok«
© 2014 Michael Krausse

Blacky war wieder eingedöst, entkräftet; im
Delirium erscheint wiederum eine Fata Morgana
am Horizont. Fackelfeuer von einem Ölfeld
oder Wetterleuchten, aus den geschwollenen
Augen kaum etwas zu erkennen, mehr tot als
lebendig glaubt er, eine Insel im Meer zu
sehen. Er treibt darauf zu, reißt mit Macht
die Augenlider auf, traut seinen Augen nicht,
nur wenige hundert Meter vor ihm eine
unbesetzte Plattform. In mehreren Etagen die
Möglichkeit, für anlandende Boote
festzumachen. Sein Überlebenswille
mobilisiert die letzten Kräfte, er zieht sich
langsam, zentimeterweise auf die unterste
Treppenstufe, die Beine teilweise im Wasser
hängend, fällt entkräftet in Ohnmacht, Black
out, Finsternis umgibt ihn. Sein letzter

Gedanke, bevor die Dunkelheit Oberhand
gewinnt: „Das war`s, gleich bin ich tot."

Ohrenbetäubender Lärm, dann ein Zustand der
Schwerelosigkeit, Geräusche wie durch Watte
gedämpft, eine fremde, unverständliche
Sprache, ein Stich im Arm. Wie als Zuschauer
in der zweiten Reihe anwesend, aber
unverständlich, nicht in der Lage
einzugreifen, unreal. Grelle Blitze,
Finsternis, Ohnmacht lösen sich ab mit
Dämmerschlaf, Albträumen, halben Wachphasen.
Er hat Durst, nur Trinken! Glücksgefühle
durchströmen ihn, er spürt intensiv eine Hand
am Mund, den Lippen, wie diese vorsichtig
benetzt werden. Wacht wieder halb auf, um aus
einer Schnabeltasse zu trinken, unterstützt

5   10   15   20   25   30   35

von unsichtbaren Helfern. Sein Zustand bessert sich von Tag zu Tag, die Brandwunden, dank bewährter Medikamente, Salben, fast verheilt. Er ist der Star der Station, die örtlichen Medien haben über seine Odyssee berichtet. Verbal schwierig, weder Pfleger, Schwestern sprechen englisch, er nur ansatzweise. Die bewundernden Blicke, kleine Zuwendungen, Aufmerksamkeiten, gesammelte Zeitungsberichte, ehrfurchtsvoll überreicht, sagen mehr als Worte. Vor seinem Abschied aus der Klinik organisieren die Betreuer der Station eine kurze Abschiedsparty. Ein Reporter der örtlichen Zeitung wird tags darauf in einem Artikel berichten.

Blacky hatte Dusel, großes Glück, wie ein

seltener Lottogewinn. Eine Kette glücklicher
Umstände verhalf ihm zu überleben. Die
Wassertemperatur im Golf, fast so hoch wie
die Körpertemperatur, günstige Strömung, die
ihn in Landnähe trieb, sein spontaner
Entschluss, die neue, steifgestärkte Jeans
als Schwimmhilfe zu nutzen, der hohe
Salzgehalt, der daraus generierte Auftrieb.
Die Summe ergab den glücklichen Umstand,
achtundvierzig Stunden in der Hitze eines
Glutofens, auf dem Meer treibend, überlebt zu
haben, ohne einen Tropfen Wasser. Kein
Gedanke an Selbstaufgabe, der war
Überlebenswille allgegenwärtig bis zur
Rettung durch einen Service-Trupp einer
kuwaitischen Ölfirma. Glück, dass diese auf
der unbemannten Plattform Kameras

5   10   15   20   25   30   35

installieren ließ, um unwillkommene Besucher
rechtzeitig zu bemerken. Die politische Lage
brisant, angespannt, jederzeit könnte in
dieser Region ein Krieg ausbrechen. Weiteres,
das größte Glück für Blacky - die Wachsamkeit
eines Mitarbeiters der zuständigen
Sicherheitsfirma. Mit der Überwachung der
unbemannten Plattform betraut, ist er
aufmerksam auf die auf dem Wasser treibende
Jeans geworden, beim Heranzoomen dann Blacky
erblickte, Alarm, Rettung auslöste.

Tagelang wird der dehydrierte Körper per
Tropf mit Flüssigkeit versorgt, die
Brandwunden behandelt, nach und nach
verbessert sich der Zustand. Blacky erhält
die erste Nahrung, bald darauf Besuch der

Botschaft. Nach Prüfung der Identität und
Ausstellung von Notpapieren werden die
Formalitäten der Heimreise besprochen.

Die fällige Kündigung erwähnt der
Botschaftsmitarbeiter nicht.

5   10   15   20   25   30   35

Worterklärungen (Seemännische Begriffe)-

Achterleine: hintere Festmacherleine (meist mehrere)

Ankerspill: Winde zum Hieven von Anker und Kette

Back: vorderer erhöhter Teil des Schiffes

Backbord: linke Schiffsseite, allgemein für links

Backschafter: auf dem Lehrschiff üblicher Küchen-
helfer, Servierhelfer

Bändsel: Band, kleinstes Teil einer Leine

Bilge: Kanalsystem im Laderaum und Maschine am
Schiffsboden zum Sammeln von eingedrungenen
Wasser, Schwitzwasser, Maschinenabwasser, Öl

Blöcke: Umlenkrollen aus Holz, in Taljen, Art Flaschenzug

Boje: Seezeichen, größer Tonne genannt, z.b. bei
Hafeneinfahrten, Wasserstraßen

Brücke: Kommandobrücke

Bug: vorderer Teil des Schiffes

Bullauge, Bulleye: rundes Schiffsfenster in Höhe
der Wasserlinie, bei Seegang mit Panzerblende aus
Stahl mit Vorreibern verschlossen

Chief: Erster Ingenieur

Chief-Mate: Erster Nautiker, oft Ladeoffizier

Davits: Anlage zum Ausbringen der Rettungsboote

Fender: Puffer zum Abfedern beim Anlegen, Schutz
der Bordwand vor der Kaimauer

Feudel: Scheuerlappen

Fieren: herablassen

Fulbrast: Müllkippe an Bord

Gangway: Laufsteg an Land

Glasen: Schiffsglocke schlagen

Gelbe Flagge: Quarantäneflagge

Gräting: Holzrost, Wasserabfluss

Heck: Achterschiff

Heuer: Lohn an Bord

Hieven: heben

Kabelgatt: Raum im Vorschiff, Lager für Taue,
Farben, Werkzeuge, Laschmaterialien

Kardeel: zusammengedrehtes Teil eines Taus

Kinken: Knick, Schlaufe im Tauwerk

Klampe: T-förmiges Metallstück, meist am Schanzkleid angeschweißt, zum Belegen von Tauwerk

Klüse: Öffnung im Schanzkleid, Bordwand

Koje: Bett

Kombüse: Küche an Bord

Ladebaum: Art Schiffskran

5   10   15   20   25   30   35

Laschings: Ketten, Taue, Spannschrauben zum Fest-
zurren der Ladung. Festlaschen

Löschen: entladen

Lotsentreppe, Leiter: stabile Strickleiter mit
hölzernen Stiegen

Luken: Öffnungen im Schiffsdeck mit meterhohen
Seitenwand (Süll) zur Aufnahme der Ladung

Lukendeckel: wasserdichte Abdeckung

Marlspieker. Spleißwerkzeug

Messe: Speiseraum, oft geteilt in Offiziersmesse,
Mannschaftsmesse

Pantry: Anrichte vor der Messe, meist Aufzug zur

Kombüse,

Peildeck: höchstes Deck, über der Brücke

Persenning: Plane

Pier: Hafenkai

Poller: verankerte, eingemauerte Festmacheinrich-
tung für die Festmacherleinen

Pütz: Eimer

Reede: Ankerplatz vor dem Hafen

Ruder: Steuereinrichtung

Rudergänger: Bedient das Ruder von Hand bei der
Hafeneinfahrt oder schwieriger Situation, sonst
Ruderautomatik

5   10   15   20   25   30   35

Schäkel: offenes Kettenglied mit verschraubbaren
Bolzen

Skylight: Oberlicht, zusätzliche Lüftung für
Maschinenraum

Sonnenbrenner: Lampen zum Ausleuchten der Laderäume

Speigatten: Öffnungen zum Ablauf von überkommenden
Wasser

Spill: Winde zum Bewegen von Tauen und Ketten

Spring: Festmacherleine, Richtung verläuft entgegen den sonst üblichen Festmacherleinen, Vor-
spring, Achterspring

Spleißen: Zwei Taue verbinden oder Auge einspleißen

Stelling: an Tauen befestigtes Brett für Außen-
bordarbeiten oder im Mast

Steuerbord: Rechte Schiffsseite, rechts

Steven: Vorsteven vorne, Achtersteven hinten

Südwester: Seemannskappe mit Nackenschutz, Teil
des Ölzeugs

Süll: Lukensüll, Lukeneinfassung

Talje: Art Flaschenzug

Tampen: Tauende

Törn: Schlaufe in einem Tau, Arbeitszeit „Wach-
törn"

Trampdampfer: Frachter ohne feste Route, kein
Liniendienst

Trimmen: austrimmen, Schiff in fahrgünstige,
steuergünstige Lage bringen, Lademarken ablesen

Trosse: festes, dickes Tau (meist aus Metall)

Verholen: Liegeplatz verändern

Vorleine: vordere Festmacherleine (meist mehrere)

Wahrschau!: Vorsicht!

Bildmaterial: Depositphotos Inc.; und privat

Alle in diesem Buch geschilderten Handlungen
    und Personen sind frei erfunden.
Ähnlichkeiten
    mit lebenden oder verstorbenen Personen
wären
    zufällig und nicht beabsichtigt.

5   10   15   20   25   30   35

Herstellung und Verlag:

BoD-Books on Demand, Norderstedt

ISBN: 978-3-7460-9499-1

»okvarianteamazonok«
© 2014 Michael Krausse